Nele Handwerker

Multiple Sklerose? Keine Angst!

NELE HANDWERKER

# MULTIPLE SKLEROSE?

## Keine Angst!

Ein 15-jähriger
Erfahrungsbericht

# Impressum

Bibliografische Information der Deutschen Nationalbibliothek:
Die Deutsche Nationalbibliothek verzeichnet diese Publikation in
der Deutschen Nationalbibliografie; detaillierte bibliografische
Daten sind im Internet über http://dnb.dnb.de abrufbar.

© 2020 Nele Handwerker
https://www.ms-perspektive.de

Covergestaltung: Giessel Design
Coverfoto: Sarah Hübner
Lektorat: Sarah Strehle
Korrektorat: Teresa Ende
Buchsatz: Nele Handwerker
1. Auflage: April 2020

Herstellung und Verlag: BoD – Books on Demand, Norderstedt
ISBN: 978-3-75048-722-2

Für meine große Liebe und unsere wunderbare Tochter.

# Inhalt

# Vorwort

Fragt man den Volksmund, so handelt es sich bei der Multiplen Sklerose um die Erkrankung der tausend Gesichter: Entzündungsherde im Gehirn und Rückenmark können je nach dem Ort, an dem sie auftreten, unterschiedlichste neurologische Auffälligkeiten mit sich bringen, eben die tausend Gesichter. Das erschwert die Diagnose und das Management der Gehirnerkrankung, die meistens im jungen Erwachsenenalter auftritt und die jeweiligen Patienten ein Leben lang begleitet.

Dabei zeigen sich die tausend Gesichter nicht nur in der Erkrankung selbst. Multiple Sklerose tritt bei höchst unterschiedlichen Menschen auf, die jeweils auf ihre individuelle Art mit ihr umgehen. Das Aufeinandertreffen dieser neurologischen Erkrankung und der ereignisreichen Entwicklungsphase des jungen Erwachsenenalters stellt nicht nur das Management der Erkrankung selbst in den Vordergrund, sondern auch die Art und Weise, inwieweit die Erkrankung in die persönliche Lebensgeschichte integriert werden kann und sollte.

Das heißt: Weg von den medizinisch tausend Gesichtern der Erkrankung, hin zum Alltag des Individuums, auf das die Erkrankung hereinbricht. Hier kann uns helfen, einzelnen Patienten zuzuhören und zu erlernen, wie man mit der

Erkrankung umgehen kann. Wie trifft ein Leben auf Diagnose und Therapie? Wie wird es dadurch verändert? Natürlich gleicht keine Krankengeschichte der anderen, trotzdem kann nur eine solche Auseinandersetzung sowohl Patienten als auch Therapeuten wichtige Aufschlüsse bezüglich des Umganges mit der Erkrankung geben.

Dieser Umgang ist immer noch eine große Herausforderung für uns alle. Ziel muss sein, dass medizinischer Fortschritt beim Patienten ankommt, dass der Patient gut informiert bewusst seine Entscheidungen fällen kann, dass wir es schaffen, trotz der Erkrankung den Patienten sein Leben leben zu lassen.

Ich hoffe, dass Nele Handwerkers Buch uns dabei helfen kann, diesen Weg zu gehen. Sie zeigt in ihrem Sachbuch, wie ihr individueller Weg bisher ausgesehen hat. Dabei lernen wir wichtige Prozesse beim Management der Multiplen Sklerose kennen. Wir wissen, dass es ein langer Weg ist, trotzdem können wir an Nele Handwerkers Geschichte sehen, was in den letzten Jahren bereits erreicht werden konnte. Ich wünsche dem Sachbuch vor allem, dass es seinen Zweck erfüllt: zu informieren und zu unterstützen.

*Prof. Dr. Tjalf Ziemssen,*
*Leiter des Multiple Sklerose Zentrums des Universitätsklinikums*
*Dresden, Leitender Oberarzt und stellvertretender Direktor der*
*Neurologischen Klinik*

# Mein Vorwort

Liebe Leser*in,

vielleicht stehst Du noch am Anfang deiner Reise, lebst schon lange mit der Diagnose, ein Dir nahestehender Mensch hat Multiple Sklerose (MS)* oder Du willst einfach mehr über diese Krankheit erfahren. In jedem Fall hoffe ich, Dir mit dem Buch Hoffnung und Zuversicht zu vermitteln, Trost zu spenden oder Anregungen zu Deinem Umgang mit der Erkrankung zu geben. Das würde mich sehr freuen.

Ich will mit dem Buch zeigen, dass ein Leben mit Multipler Sklerose sehr schön sein kann. Für mich steht fest, dass dazu regelmäßige Besuche beim Neurologen, notwendige Untersuchungen, eine Basistherapie* und gewisse Anpassungen meiner Lebensweise gehören. Denn die MS ist eine sehr ernstzunehmende Erkrankung.

Ich beginne meine persönliche Geschichte ganz bewusst vor meinem ersten Schub, um Dir zu zeigen, welche Ängste ich zu Anfang hatte. Die Angst davor, nicht geliebt zu werden, nicht zu wissen, was die MS gesundheitlich für mich bedeutet und vielleicht von anderen diskriminiert oder bemitleidet zu werden. Über die Jahre wuchs meine Zuversicht, dass ich gut mit der MS leben kann.

Für mich waren die vergangenen 15 Jahre eine spannende und intensive Reise und bisher hat die MS keines meiner persönlichen Ziele verhindert. Ganz im Gegenteil, sie hat mich gelehrt, bewusster zu leben und mir selbst

Gutes zu tun. Ich arbeitete anderthalb Jahre in den USA, unternahm dort meinen ersten Fallschirmsprung und düste mit dem Snowboard die Pisten in den Rocky Mountains hinab. Meine Urlaube brachten mich nach Australien, wo ich im Great Barrier Reef tauchen war, nach Kuba, als Fidel Castro noch lebte, zu den aktiven Vulkanen Islands, dem trockenen Paradies in Namibia und alten Tempeln in Japan.

Ich begann mit Yoga, was mich beweglicher und emotional stärker machte. Für meinen Job reiste ich mehrfach nach Asien und gewann Einblicke in das berufliche und private Leben von Japanern, Chinesen, Koreanern, Thailändern und Malaysiern.

Seit Ende 2015 schreibe ich Bücher und dieses hier ist bereits meine sechste Veröffentlichung. Und das Beste: Ich fand die Liebe meines Lebens und seit Ende 2018 sind wir stolze Eltern einer wunderbaren Tochter.

Ich kann nicht in die Zukunft schauen, bin aber sehr zuversichtlich, dass mein Leben weiterhin glücklich und zufrieden verlaufen wird und mich Dinge im Privatleben mehr bewegen werden als die Krankheit selbst.

Die Multiple Sklerose wird die »Krankheit mit den 1.000 Gesichtern« genannt, weil sie bei jedem Menschen anders verläuft. Ich habe hier meine Geschichte erzählt. Es gibt mindestens 999 andere, darunter viele weitere positive Beispiele.

Ich bin davon überzeugt, dass ich mit meiner Einstellung und Lebensweise zum positiven Verlauf der Erkrankung beitrage. Die Stellschrauben, die mir zur Verfügung stehen, nutze ich. Dazu zählen für mich gesunde Ernährung, Sport, Gehirnjogging und Meditation. Soweit möglich, vermeide ich Stress im Sinne von Überforderung. Außerdem habe ich eine zu mir passende Basistherapie, die ich konsequent befolge. Ich lege großen Wert auf ein glückliches und erfülltes Familienleben und versuche Konflikte zu lösen, statt sie zu verdrängen.

Wenn Du Patient*in oder Angehörige*r bist, wünsche ich Dir auf Deinem Weg nur das Beste und hoffe, dass die Diagnose auch Dir Gutes im Leben bringt, Dich bewusster leben lässt und kaum oder gar nicht einschränkt. Wenn Du einfach interessiert an der Multiplen Sklerose bist und gern mehr über die Krankheit und einen Lebensweg erfahren möchtest, wünsche ich Dir eine interessante und aufschlussreiche Lektüre.

In den kommenden Jahren werden sicherlich weitere effektive Therapien gefunden. Vielleicht können in absehbarer Zeit sogar kaputte Nervenbahnen repariert werden.

Die immer bessere Vernetzung zwischen Ärzten, Wissenschaftlern, Therapeuten, und Institutionen im Kampf gegen die MS und ihre Auswirkungen wird weitere Früchte tragen. Da bin ich mir sicher.

Ein Beispiel dafür ist der Anfang 2020 startende Master-Studiengang »Multiple Sklerose Management« in Dresden. Die Studierenden stammen aus unterschiedlichen Berufsfeldern, darunter Mediziner, Apotheker, Therapeuten, Wissenschaftler und Pflegepersonal. Während der vier Semester werden sie berufsbegleitend, größtenteils digital lernend, zu MS-Spezialisten ausgebildet. Ziel ist es, den Patienten Behandlungen auf neuestem Kenntnisstand zu bieten, ohne langjährige Verzögerungen. Dazu gehört, dass möglichst direkt nach der Diagnose eine Basistherapie begonnen wird. Denn eine zeitige Intervention hemmt das Fortschreiten der Krankheit nachweislich.

Übrigens gibt es am Ende dieses Buches ein Glossar mit den wichtigsten Fachbegriffen, die im Text beim ersten Auftreten mit einem Sternchen gekennzeichnet sind: Einfach erklärt für Nichtmediziner.

Jetzt wünsche ich Dir eine gute Zeit mit dem Buch über meine Reise mit der Multiplen Sklerose und hoffe, dass ich Dir damit Kraft und Mut spenden kann. Gehörst Du zu den Interessierten ohne direkten Bezug, dann wird hoffentlich Deine Neugier über diese Erkrankung gestillt.

Übrigens gehen zehn Prozent vom Gewinn des Buchverkaufs als Spende an die Deutsche Multiple Sklerose Gesellschaft (DMSG), die viele wissenschaftliche Projekte finanziert und versucht, das Leben von MS-Patienten zu erleichtern.

Alles Gute und bestmögliche Gesundheit wünscht Dir,
Nele

# I. Juli 2003 bis September 2005

# Mein Leben davor

Ich war 22 Jahre jung und studierte seit einem Jahr Medienmanagement in Mittweida. Am Wochenende fuhr ich oft in meine Heimatstadt Dresden, wo ich jobbte und abends gern mit meinen Freunden in Bars und oder Clubs ging. Meine größte Sorge bestand darin, dass jemand anderes im gleichen Outfit wie ich auf der Party erscheinen könnte.

Mein Studium war abwechslungsreich und machte mir Spaß. Es setzte sich aus drei Komponenten zusammen: Medientheorie, Wirtschaft und Medientechnik. Von Journalismus über Medienpsychologie und Betriebswirtschaftslehre bis hin zu technisch-physikalischen Grundlagen gab es die unterschiedlichsten Fächer.

Ich lebte in einer Einraumwohnung in einem Gebäudekomplex mit dem liebevollen Spitznamen »Alcatraz«. Da es eine überschaubar große Fachhochschule war, kannte ich meine 60 Kommilitoninnen und Kommilitonen innerhalb von vier Wochen beim Namen. Auch der Großteil der Professorinnen und Professoren konnte uns nach einem Vierteljahr beim Namen nennen.

Freitags und samstags arbeitete ich als Werkstudentin bei einem Mobilfunkanbieter, um genügend Geld für meine Freizeitvergnügungen zu verdienen. Dazu zählten die Barbesuche mit meinen Freunden in der Dresdner Neustadt, für mich damals das Kneipenviertel schlechthin. Oft gingen wir danach gemeinsam auf Partys mit House- oder Techno-Musik zum Tanzen und Feiern. Ich trank gern Erdbeer-Daiquiri oder Prosecco auf Eis.

Meinen damaligen Freund sah ich meist erst nachts auf den Partys. Manchmal stand er hinterm DJ-Pult.

# Die ersten Anzeichen

Das Hoch Michaela bescherte uns 2003 einen Jahrhundertsommer. Schätzungen zufolge starben 70.000 Menschen in Europa an den direkten und indirekten Folgen der Hitze. Der volkswirtschaftliche Schaden wurde auf 13 Milliarden US-Dollar geschätzt.

Am 15. August wollte ich mit meinem Kumpel Karl in seinem Auto mit nach Düsseldorf fahren. Er musste vor Ort für seine Diplomarbeit recherchieren und ich wollte meinen Kumpel Nino besuchen. Außerdem plante ich, noch allein weiter zu meiner Schwester nach Münster zu fahren. Kurz bevor wir starteten, fiel mir auf, dass ich schlecht sah. Die Nachbarin meiner Eltern war Augenärztin und beruhigte mich mit den Worten: »Wenn es nicht weh tut, ist es nichts Ernstes.« Na dann, ab auf die Autobahn.

Kurz vor Düsseldorf konnte ich die Nummernschilder der Autos vor uns kaum noch erkennen. Ich machte mir Sorgen und wir fuhren auf den nächsten Rastplatz. Als ich mir je ein Auge zuhielt, stellte ich fest, dass ich mit dem rechten Auge Farben deutlich blasser sah. Meine Sorge verstärkte sich. Als ich Karl davon erzählte, bot er mir an, in Düsseldorf ein Krankenhaus anzusteuern.

Wir fuhren zum Universitätsklinikum. Vom Dresdner Universitätsklinikum wusste ich, dass die Ärzte viel forschten und Studien durchführten und sich daher mit einem sehr breiten Spektrum an Krankheitsbildern auskannten. Ich hoffte, dass das in Düsseldorf auch der Fall war. Zumindest schickte man uns in der Notaufnahme direkt zur Augenklinik.

Im Wartezimmer hingen Bilder von alten Frauen mit furchteinflößenden Wucherungen am Auge. Karl versuchte, die Stimmung aufzulockern und machte Witze, dass es bei mir zum Glück nicht so etwas war. Ich lachte und entspannte mich tatsächlich ein bisschen. Doch die Sorge blieb.

Wir warteten mindestens zwei Stunden. Irgendwann wurde ich aufgerufen. Im Behandlungszimmer begrüßte mich eine junge Ärztin. Sie schaute zuerst in meine Augen und nahm dann einen Sehtest vor. Die ziemlich großen Buchstaben in der zweiten Reihe verschwammen zu einem grauen Linienwirrwarr. Die Ärztin probierte verschiedene Brillenstärken aus, doch mein Sichtfeld blieb unscharf.

Beim nächsten Test prüfte sie mein Gesichtsfeld. Ich saß vor einem Perimeter - der Hälfte einer Hohlkugel. Mein Kopf ruhte in einer Halterung, die Bewegungen unterband. Der Test wurde für jedes Auge einzeln durchgeführt. Ich fixierte den Mittelpunkt der Hohlkugel, während das Gerät unterschiedlich starke Lichtreize zu verschiedenen Stellen aussendete. Jedes Mal, wenn ich einen neuen Lichtpunkt sah, musste ich einen Knopf drücken.

Schon beim linken Auge hatte ich das Gefühl, öfter einen Lichtpunkt zu verpassen. Mein rechtes Auge nahm über lange Zeiträume keinen einzigen Lichtpunkt wahr. Nur selten sah ich einige Punkte.

Als ich vom Bildschirm wegrückte, weinte ich, weil mir klar wurde, dass ich komplette Ausfälle im Gesichtsfeld hatte.

Es folgten weitere Tests, unter anderem ein VEP (Visuell evozierte Potentiale). Dabei schaute ich auf einen Bildschirm, der ein sich ständig änderndes Schachbrettmuster zeigte. Währenddessen maßen Elektroden an meinem Hinterkopf die Reizweitergabe. Das Ergebnis war eindeutig. Ich hatte eine demyelinisierende* Schädigung der rechten Sehbahn. Die Myelinschicht*, die eigentlich die Nervenbahnen isolierte, in diesem Fall den Sehnerv, war stark angegriffen. Dadurch wurden Reize nur noch verzögert weitergegeben oder gingen auf dem Weg in mein Gehirn sogar gänzlich verloren.

Anschließend wandte sich die Ärztin mit den gesammelten Befunden an den Oberarzt, um das weitere Vorgehen zu besprechen. Bei ihrer Rückkehr empfahl sie mir, im Krankenhaus zu bleiben und noch am selben Tag mit einer Stoßtherapie* zu beginnen. Mir sollte intravenös* Cortison* verabreicht und am nächsten Tag eine MRT*-Untersuchung durchgeführt werden.

Ich fühlte mich überfordert, allein und brauchte Rat. Also rief ich meine Tante in Dresden an, die Ärztin war, wenn auch auf einem anderen Fachgebiet. Ich erzählte ihr, dass ich mich am liebsten in den Zug setzen und zurückfahren wollte, um wenigstens im Krankenhaus meiner Heimatstadt zu liegen.

Meine Tante riet mir vehement von der Bahnfahrt ab. Ich sollte unbedingt im Krankenhaus bleiben, denn bei solchen Befunden stand auch die Option eines Gehirntumors im Raum. Nach dem Satz war es aus und meine Selbstbeherrschung versagte. Ich antwortete »okay« und legte auf.

Zum Glück war Karl da und redete mir gut zu. Er

wartete, bis ich mich etwas gefangen hatte, holte meine Sachen aus dem Auto und brachte sie mir aufs Krankenzimmer. Dann verabschiedete er sich und versprach, mich am nächsten Tag, nach seinen Recherchen in der Bibliothek, zu besuchen.

Später versuchte ich, meinen Freund zu erreichen. Ohne Erfolg. Meine SMS beantwortete er einige Stunden später: »Wird schon nicht so schlimm sein. Ich denke an Dich.« Er rief nicht zurück.

Ich teilte mir das Zimmer mit zwei älteren Damen, die eine war am Grünen Star erkrankt, die andere litt am Grauen Star. Obwohl beide sehr nett waren, kam ich mir völlig deplatziert vor. Ich war doch jung und gesund. Was sollte ich in diesem Krankenhaus?

Abends legte mir die Krankenschwester einen Zugang in die Armbeuge und ich erhielt meine erste Cortisoninfusion.

Zum Abendbrot servierte man uns zwei Scheiben Graubrot, einen kleinen Plastiknapf mit Butter und zwei labberige Käsescheiben. Passend zu meiner Stimmung.

Ich war erschöpft von der langen Fahrt und schlief bald ein. Doch nachts wachte ich mehrfach auf, fragte mich, was der nächste Tag bringen und was sie beim MRT finden würden. Ich schrieb meinem Freund von meinen Sorgen, erhielt aber keine Antwort.

# Sechs Tage Krankenhaus

Am Tag darauf, dem 16. August 2003, war mit Nino der Besuch der Helmut Newton Ausstellung geplant. Da ich schon seit meiner Jugend gern selbst fotografierte, wollte ich unbedingt die viel besprochene Ausstellung eines der populärsten Fotografen des 20. Jahrhunderts sehen. Stattdessen wartete ich nun darauf, meinen Kopf zum ersten Mal mittels MRT untersuchen zu lassen.

Bei der Vorbesprechung bat mich die zuständige Krankenschwester jeglichen Schmuck abzulegen, inklusive meines Nasen- und Bauchnabelpiercings. Anschließend sollte ich mich auf eine weiße Liege legen. Als ich wie gewünscht ausgestreckt dalag, gab sie mir einen Drücker in die Hand, mit dem ich Hilfe rufen konnte, wenn ich Angst in der Röhre bekäme. Über meinem Kopf platzierte sie einen weißen Aufsatz, dessen Verstrebungen ein Kreuz bildeten. Ich sollte mich darauf konzentrieren und möglichst mittig liegen bleiben, damit die Einzelbilder scharf wurden und sich am Ende zu einem korrekten dreidimensionalen Abbild zusammensetzen ließen. Ansonsten müsste die Prozedur wiederholt werden.

Die Schwester verließ den Raum mit dem Hinweis, dass es mehrere Aufnahmezyklen gäbe und sie mir immer eine Zwischenmeldung geben würde sowie die Information, wann der Prozess abgeschlossen wäre. Die Tür fiel ins Schloss und ich blieb allein im Raum zurück. Ich versuchte, so ruhig wie möglich zu atmen, während die Liege ein Stück in die Höhe und anschließend in die Röhre des MRT fuhr. Mit dem Kopf voran lag ich bis zum Brustbein in der Röhre.

Es war ein komisches Gefühl, von so viel Technik umgeben zu sein. Um gar nicht erst in Panik zu geraten, versuchte ich bewusst langsam über die Nase einzuatmen und die verbrauchte Luft über die leicht geöffneten Lippen ausströmen zu lassen.

Um mich herum klopfte, ratterte, röhrte, hackte und piepte es. Ich schloss die Augen und versuchte die Geräusche in etwas für mich Greifbares umzuwandeln. Aber es gelang mir nicht so recht, das Innenleben des MRT zu verstehen. Doch allein der Versuch lenkte mich so sehr ab, dass die Zeit verging und dann fuhr die Liege mit mir auch schon wieder aus der Röhre heraus und wurde außen abgesenkt. Nachdem ich meinen Schmuck wieder angelegt hatte, durfte ich auf mein Zimmer gehen. Eine Auswertung erhielt ich nicht.

Ich fragte eine Krankenschwester, ob für heute noch weitere Tests geplant wären. Sie verneinte. Die nächste Cortisongabe stand erst abends an. Also beschloss ich, dass noch Zeit für den Ausflug zu Helmut Newton blieb und gab Nino Bescheid. Im Krankenhaus fragte ich niemanden um Erlaubnis, schnappte mir meine Sachen und wartete am Ausgang. Nino holte mich mit seiner Freundin und seiner Schwester ab und wir fuhren zum NRW-Forum Kultur und Wirtschaft, wo die Retrospektive mit 200 Bildern Newtons gezeigt wurde. Wir sahen die »Big Nudes« und andere provokante Bilder. Auf einem Foto steckte ein Model kopfüber in einem ausgestopften Krokodil und man sah nur ihren nackten Po und die langen Beine. Auf einem anderen Bild stand eine Polizistin obenrum bekleidet und untenrum unverhüllt da. Alle Bilder zeigten die Frauen circa 30 Prozent größer als in Lebensgröße, so dass sie wie Amazonen wirkten.

Der Ausflug lenkte mich wunderbar von der Klinik und meinen ausstehenden Befunden ab. Nino scherzte sogar: »Düsseldorf ist wirklich nicht so eine schlechte Stadt, dass du dich gleich krank stellen musst.«

Sein lockerer Umgang mit dem Ungewissen tat mir gut.

Ich kaufte das Buch zur Ausstellung, um eine schöne Erinnerung an den Ausflug zu behalten und gleichzeitig eine interessante Lektüre für die kommenden Tage zu haben. Anschließend besuchten wir ein kleines Café und sprachen über die Fotos der Ausstellung. Die vier Models mit und ohne Bekleidung sowie das Foto von Brigitte Nielsen am Pool hatten uns alle beeindruckt. Kuchen und Cappuccino schmeckten lecker, während uns die Nachmittagssonne wärmte. Als ich auf die Uhr schaute, war es schon 17 Uhr. Ich hätte bereits auf meinem Zimmer sein sollen. Die erholsame Auszeit von Sorgen und Grübeleien nahm ein abruptes Ende. Nino bezahlte umgehend und wir fuhren schnell zurück.

Ins Krankenhaus kehrte ich 20 Minuten zu spät für die abendliche Infusion zurück. Die Schwester hatte mich bereits vergeblich gesucht. Als ich mich zurückmeldete, bekam ich eine Standpauke zu hören. »Das hier ist ein Krankenhaus und kein Hotel, wo man kommen und gehen kann, wie man will.«

Ich fühlte mich etwas schuldig, denn mir war klar, dass sie recht hatte und mich nur gut versorgen wollte.

Mit dem Tropf neben meinem Bett, von dem aus das Cortison in meinen Körper floss, kehrten die düsteren Gedanken zurück. Doch ich konnte mich immerhin an dem entspannten Nachmittag mit Kultur und Freunden erfreuen und die Trübsal etwas zur Seite schieben.

In dieser Nacht schlief ich besser. Sogar so gut, dass ich meinen Arm anwinkelte und dabei den Zugang aus der Vene verlor. Am nächsten Morgen legte mir die Krankenschwester einen neuen Zugang, diesmal auf meinem Handrücken, was mir unter den gegebenen Umständen lieber war.

Das Cortison vertrug ich gut. Ich sah bereits wieder besser, Farbe und Sehschärfe kehrten zurück. Was so schnell zu reparieren war, konnte doch gar nicht gefährlich sein, oder?

Ursprünglich wollte ich meine Schwester in Münster besuchen, doch nun kam sie zu mir, was mich sehr freute und vom Klinikaufenthalt ablenkte. Wir spazierten ganz brav auf dem Krankenhausgelände. Einen zweiten Ausflug unterließ ich lieber. Offenbar war das nicht erwünscht.

Meine Schwester fragte, ob ich wieder gut sehen könne, ob es schon eine Diagnose gäbe oder wenigstens ein paar Möglichkeiten ausgeschlossen werden konnten. Eine Diagnose hatte mir bisher niemand mitgeteilt, aber zumindest konnten die Ärzte einen Gehirntumor ausschließen. Und ich sah schon wieder mehr Farbe als am Tag der Einweisung. Das beruhigte meine Schwester etwas und auch, dass ich genug Energie gehabt hatte, um mir die Ausstellung anzuschauen und mich beim Krankenhauspersonal unbeliebt zu machen. Als unternehmungslustiges Wesen kannte sie mich. Sie sprach mir Mut zu, dass bestimmt bald alles geklärt wäre und gewiss eine völlig harmlose Sache hinter all dem stecken würde. Nach ein paar Stunden Aufmunterung fuhr sie zurück nach Münster.

Die Tage im Krankenhaus krochen dahin. Der Tag begann mit dem Frühstück, das aus einem weißen Brötchen und zwei Scheiben Brot mit Marmelade und Butter im Plastiknapf und zwei Scheiben Käse bestand. Dazu trank ich einmal Kaffee, wechselte jedoch schnell zum Tee, weil der besser schmeckte. Nach dem Frühstück informierte uns eine Krankenschwester, wann die Visite voraussichtlich vorbeikäme. Denn die Zeit variierte von Tag zu Tag und die Anwesenheit der Patienten war Pflicht. Je nachdem ob der Arztbesuch vormittags oder nachmittags stattfinden sollte, blieb ich in der Zeit auf dem Zimmer und studierte mein Helmut Newton Buch. Ich schaute mir nochmals die Bilder der Ausstellung an und las mir die Texte durch, in denen er beschrieb, wie einzelne Fotoserien entstanden waren. Meine beiden Zimmergenossinnen und die Frauen aus den Nachbarzimmern waren freundlich, aber wir unterhielten uns kaum. Zum einen betrug der Altersunterschied mehrere Jahrzehnte und zum anderen war mir nicht nach Small Talk zumute.

Zur Visite kam der Stationsarzt, fragte kurz nach meinem Befinden und wie es um mein Sehvermögen stand. Zweimal begleiteten ihn Studierende, die alle im Halbkreis um mein Bett standen, während der Oberarzt in ihrer Mitte meine

Symptome, die durchgeführten Tests und die Dosis und Dauer meiner Cortisongabe erklärte. Mir war es unangenehm, zumal die Studierenden ungefähr in meinem Alter waren und ich ihnen lieber auf einer Party begegnet wäre.

Mittags gab es warmes Essen. Mehrfach enthielt das Gericht Gemüsepaprika, die ich sorgsam entfernte. Seit meiner Kindheit reagierte mein Magen intensiv auf Paprika und beförderte sie meist durch den Mund wieder nach draußen oder bewirkte eine mehrstündige Übelkeit. Nach dem Mittagessen versuchte ich meist zu schlafen.

Über den Tag verteilt telefonierte ich mit meiner Familie und Freunden und setzte mich dafür auf eine Bank der Parkanlage des Krankenhauses oder lief die Spazierwege ab. Die Sonne schien vom wolkenlosen Himmel und da es fast windstill war, stand die Luft im Zimmer.

Am Nachmittag kam Karl für eine gute Stunde vorbei. Meist munterte er mich mit Anekdoten aus der Bibliothek auf oder berichtete von den Fortschritten seiner Recherche. Nachdem feststand, dass ich am 21. August entlassen werden sollte, verlängerte er seinen Aufenthalt, um mich wieder per Auto mit nach Dresden zu nehmen. Die Universitätsbibliothek bot ihm genügend Lesestoff, sodass er die Zeit effektiv nutzen konnte. Und da er bei einem Freund nächtigte, entstanden ihm keine Zusatzkosten. Ich freute mich sehr über die tägliche Ablenkung und dass er ich mit ihm zurück nach Dresden fahren würde.

Zum Abendessen erhielt ich stets Graubrot, Käse, Butter und etwas Obst. Außerdem gab es intravenös Cortison. Die Infusion dauerte bestimmt 20 Minuten. In der Zeit versuchte ich nicht auf die Nadel zu schauen, die in meinem Körper steckte, und fixierte stattdessen den Cortisonbeutel, der sich langsam leerte.

Im Laufe der nächsten Woche bekam ich viel Zuspruch von meiner Familie. Alle machten sich Sorgen, aber erklärten mir, dass gewiss bald alles überstanden sein würde. Mein Cousin aus Dresden bot mir an, mich aus Düsseldorf abzuholen. Ich lehnte dankend ab, da meine Rückreise bereits gesichert war.

Nach einer Woche wurde ich endlich entlassen. Ich hatte Düsseldorf kaum kennengelernt, dafür sah ich nun wieder scharf und vollfarbig. Die Diagnose lautete: klinisch isoliertes Syndrom (CIS)*. Außerdem wurde vermerkt, dass sich meine Opticus Neuritis (Sehnerventzündung)* mit demyelisierender Schädigung der rechten Sehbahn unter Cortison schnell gebessert hatte. Man riet mir, mich im Uniklinikum Dresden in zwei Wochen nochmals vorzustellen, um eine Lumbalpunktion* durchzuführen. Ich erhielt Cortisontabletten mit einer genauen Anleitung, wie die Dosis über die folgenden elf Tage auszuschleichen sei.

Das typische Vollmondgesicht von der Cortisongabe erinnerte mich noch für ein paar Wochen an meinen Krankenhausaufenthalt und war leider nicht nach der letzten Tabletteneinnahme verschwunden.

# Weitere Untersuchungen

Zurück in Dresden stand am 29. August 2003 mein Termin in der Neurologie des Universitätsklinikums Dresden an. Die Ärzte dort erklärten mir den Befund. Bisher war mir nicht klar gewesen, dass die Schutzschicht um meinen rechten Sehnerv angegriffen wurde. In der Neurologie überprüften sie meine Reflexe, indem sie mir mit einem speziellen kleinen Hammer auf diverse Punkte an den Gelenken klopften. Aber niemand verriet mir, ob meine Reflexe in Ordnung waren, und ich fragte nicht nach.

Als Nächstes klebte man mir Elektroden auf den Kopf, sendete an meinen Fingern Impulse los und maß, wie schnell sie übertragen wurden. Elektrophysiologische Zusatzdiagnostik nennt sich das Verfahren. Ergebnis: Die Impulse wurden verlangsamt weitergegeben.

Am 12. September 2003 wurde ich stationär aufgenommen. Zuerst wiederholten sie die elektrophysiologischen Tests. Die aktuellen Ergebnisse sollten mit denen von vor zwei Wochen verglichen werden, um zu sehen, ob die Reizweitergabe nun wieder schneller funktionierte.

Im Anschluss erfolgte die Lumbalpunktion. Bei diesem Test wurde mir Nervenwasser (Liquor) aus dem Rücken entnommen, genauer gesagt: aus dem Duralsack im Bereich der Lendenwirbel. Zunächst wurde mir erklärt, wie der Eingriff ablaufen würde und welche Nebenwirkungen auftreten könnten. Aber ich hatte ja keine Wahl. Kurz darauf befand ich mich auch schon seitlich auf einer Liege. Mein Rücken im Lendenwirbelbereich wurde desinfiziert. Mit einer langen dünnen Hohlnadel stach mir die Ärztin bis zu der Stelle, wo sie Nervenwasser entnehmen konnte. Sie zog nur wenige Milliliter auf, aber ich spürte genau, wie sich etwas in mir zusammenzog. Es tat nicht weh, fühlte sich aber so an, als ob ich von einer reifen Weintraube zur Rosine zusammenschrumpfte.

Im Anschluss musste ich viel trinken, damit sich die wenigen Milliliter Nervenwasser möglichst schnell wieder auffüllten und ich keine Kopfschmerzen bekäme. Während ich ein Glas Wasser nach dem anderen trank und im Krankenhausbett lag, zuckten meine Beine mehrfach unkontrolliert. Gruselig. Eine Begleiterscheinung der Untersuchung, wie man mir sagte. Irgendwas wurde bei der Liquorentnahme stimuliert. Zum Glück hörte es nach einer Weile von alleine auf. Die Tests machten mich müde, vor allem die Anspannung vor der Lumbalpunktion. Ich schlief früh ein.

Am nächsten Morgen erhielt ich die Auswertung. Die Lumbalpunktion ergab drei oligoklonale Banden*. Schon wieder ein Begriff, mit dem ich nichts anfangen konnte. Im Abschlussbericht stand, dass alle Befunde zusammengenommen ein klinisch isoliertes Syndrom (CIS) ergaben und mir nach den McDonald-Kriterien* keine Diagnose auf Multiple Sklerose gestellt werden konnte. Außerdem galt ich nicht als Hochrisikopatientin und somit empfahlen sie keine immunmodulatorische Therapie. Dennoch sollte ich mir einen Neurologen suchen, bei dem ich mich von nun an einmal im halben Jahr vorstellen würde. Außerdem rieten sie mir zu einem erneuten MRT in sechs bis neun Monaten. Da ich kein Kopfweh oder andere Beschwerden hatte, wurde ich entlassen und durfte nach Hause fahren.

Das Einzige, was für mich zählte, war die Tatsache, dass ich keine Multiple Sklerose hatte.

Von dieser Krankheit hatte ich bisher nur Schlimmes gehört. Da saßen die Leute doch nach kurzer Zeit im Rollstuhl und konnten keinen Sport mehr machen. Eine grausame Vorstellung, denn ich liebte Sport, Tanzen und überhaupt ein Leben, in dem ich nicht auf fremde Hilfe angewiesen war.

# Weiter wie bisher

Die Tage in Düsseldorf und die Untersuchungen in Dresden verdrängte ich zunehmend. Mein Fokus lag auf meinem Studium und das lief gut. Dass ich ab und an in Vorlesungen einschlief, schob ich auf den langweiligen Stoff.

Informationstechnik war so ein Fach – früh morgens, als Doppelstunde und sehr technisch. Da wir nur 60 Studenten waren, fiel dem Professor mein Schlafen natürlich auf und Sympathiepunkte sammelte ich damit bestimmt nicht. Nicht schlimm. Ich wollte nicht Informatik studieren und musste die Prüfung nur bestehen.

Meist fuhr ich am Donnerstag nach Dresden, weil es da eine passende Mitfahrgelegenheit gab. Dadurch verpasste ich die Vorlesung in Wirtschaftsrecht, konnte dafür aber freitags und samstags jobben und verdiente genügend Geld. Nach der Arbeit legte ich mich meist hin und schlief ein paar Stunden, damit ich fit für das Abend- und Nachtprogramm war. Ich traf mich mit Freunden in einer Bar, wo wir lange quatschten und lachten. Manchmal gingen wir danach noch feiern. Auch das hätte ein Grund für meine Müdigkeit sein können.

Meinen Freund sah ich auf den Partys. Gegen 5 Uhr morgens fuhren wir gemeinsam in seine Wohnung, holten uns vielleicht noch etwas zu essen am Bahnhof. Am Sonntag frühstückten wir zu Hause, dösten am Nachmittag und schauten Dokumentationen. Abends fuhr er mich in meine Einraumwohnung in Mittweida, wo wir Essen bestellten und es beim Tatort anschauen verspeisten.

Montagmorgen schwänzte ich oft die Mathematikvorlesung. Der Professor mochte keine angehenden Medienmanager*innen und betonte dies immer wieder. Er hielt uns für dumm und faul.

Ich ließ mich nicht gern beschimpfen, erst recht nicht am Morgen. Also frühstückte ich mit meinem Freund. Danach fuhr er zurück nach Dresden und ich besuchte die zweite Vorlesung des Tages.

Meinen Freund sah ich nicht oft. Daran hatte ich mich gewöhnt. Immer war er arbeiten. Ich hinterfragte das nicht mehr.

# Verlaufskontrollen bei der Neurologin

Mein Onkel, selbst Arzt an der Uniklinik auf einem anderen Gebiet, empfahl mir eine Neurologin. Ich erhielt eine Zusammenfassung der bisherigen Untersuchungen und Ergebnisse für die Ärztin mit der Bitte um Weiterbetreuung. In dem Schreiben riet die Oberärztin der Uniklinik zu einer Verlaufskontrolle per MRT in sechs bis neun Monaten. Sollten sich dabei oder durch die Kontrolltermine bei der Neurologin neue Erkenntnisse ergeben, sollte ich wieder in der Uniklinik vorstellig werden.

Zu meinem ersten Besuch bei der niedergelassenen Neurologin im März 2004 saßen im Wartezimmer mehrere Patienten. Einer wippte vor und zurück, ein anderer hatte Spasmen und ein dritter konnte niemandem in die Augen sehen. Ich fühlte mich unwohl. Hierhin gehörte ich nicht.

Dann wurde ich aufgerufen und betrat das Sprechzimmer. Die Ärztin hatte ein fast ausdrucksloses Gesicht und wirkte sehr kühl und distanziert. Sie stellte mir ein paar Fragen zu körperlichen Einschränkungen, wie Blasenschwäche und Gehproblemen, die ich zum Glück alle nicht hatte. Dann schickte sie mich aus dem Zimmer, als ob ich ein unangenehmes Objekt wäre und sie furchtbar erleichtert sei, mich endlich los zu sein. Ich bekam einen neuen Termin von der Empfangsschwester, verließ die Praxis und war froh, erst in einigen Monaten wiederkommen zu müssen. Die folgenden Besuche verliefen ähnlich und ich atmete immer auf, wenn ich wieder gehen durfte.

Mein Onkel versicherte mir jedoch, dass sie eine exzellente Ärztin sei.

# Die Diagnose

Ein Jahr war seit der Entzündung meines Sehnervs vergangen. Das Vergleichs-MRT stand an, wie damals nach Abschluss aller Untersuchungen an der Uniklinik Dresden vereinbart. Ich fühlte mich gut und machte mir keinerlei Sorgen wegen der Untersuchung. Stattdessen überlegte ich, wie ich an eine Wohnung käme, wenn ich die Zusage für das Pflichtpraktikum in München erhielt.

Gut gelaunt hüpfte ich auf die Liege. Anders als beim ersten Mal bekam ich Kopfhörer aufgesetzt. So lauschte ich entspannt klassischer Musik, während das MRT um mich herum hämmerte, piepte und ratterte. Nach circa 20 Minuten fuhr die Liege wieder aus der Röhre. Ich zog mich an und ging nochmal beim Radiologen vorbei, der ein guter Freund der Familie war.

Doch statt einer fröhlichen Begrüßung stand er mir gegenüber, schaute mich ernst an und sagte: »Nele, ich habe mir die Bilder gleich angesehen und leider keine guten Nachrichten für dich. Es sind neue Läsionen* sichtbar. Damit ist die Diagnose Multiple Sklerose sicher. Bei dieser Aktivität empfehle ich dir dringend, eine Basistherapie zu beginnen.«

Was? Wie? Das konnte nicht sein. Die Krankheit wurde letztes Jahr ausgeschlossen. Da musste ein Irrtum vorliegen. Meine Augen brannten. Kalter Schweiß brach aus und ich spürte, wie ich Panikflecken am Hals bekam.

Er betrachtete mich besorgt und fragte, ob es mir gut ginge.

»Nele, es tut mir leid. Aber ich wollte, dass du es lieber von jemand Vertrautem erfährst. Dein Neurologe wird es sicherlich nochmals genauer mit dir besprechen.«

Er sprach mir kurz Mut zu, bevor er die Bilder des nächsten Patienten auswerten musste.

Mir schossen alle möglichen Gedanken durch den Kopf: Konnte ich mein Studium beenden? Lohnte sich das überhaupt noch? Wie lange könnte ich noch Sport treiben? Was für eine Therapie musste ich jetzt machen? Meinte er Cortison? Davon hatte ich doch bereits nach sieben Tagen ein Vollmondgesicht bekommen. Sähe ich irgendwann so aus, wie die Patienten im Wartezimmer meiner Neurologin? Musste ich jetzt öfter zu ihr gehen? Wie lange konnte ich noch selbstbestimmt leben? Was für einen Job könnte ich mit der Krankheit noch ausüben? Wie konnte ich Multiple Sklerose haben, wenn ich mich gut fühlte und richtig sah? Das verstand ich nicht.

Ich blieb noch eine Weile in der Praxis, bis ich wieder in der Lage war Auto zu fahren. Schließlich dauerte die Fahrt zurück zum Haus meiner Eltern rund 40 Minuten.

Irgendwie kam ich zuhause an, auch wenn meine Wahrnehmung gedämpft war und ich mich immer wieder zusammenreißen musste, um auf den Verkehr zu achten.

Drei Tage später stand die offizielle Auswertung auf der neurologischen Station der Uniklinik an. Die Oberärztin sprach von McDonald-Kriterien, die nun erfüllt seien, und bestätigte die Diagnose. Die neuen Entzündungsherde im MRT ließen keine Zweifel zu. Ich hatte Multiple Sklerose.

Sie wies mich auf eine Studie hin, an der ich teilnehmen konnte, wenn ich wollte. Darin wurde ein neues Medikament zur Behandlung der Multiplen Sklerose getestet. Dafür müsste ich mich jeden Tag spritzen. Zwei von drei Gruppen erhielten ein Medikament in jeweils verschieden hoher Dosierung, die dritte nur ein Placebo-Präparat. Die Wahrscheinlichkeit lag also bei 1:3, dass ich mich völlig umsonst spritzen würde. Und ich hasste Spritzen. Außerdem würde ich regelmäßige Termine im Krankenhaus wahrnehmen müssen, um meinen Gesundheitsstand zu dokumentieren. Ich würde mich jeden Tag mit dem Gedanken beschäftigen müssen, MS zu haben.

Ich stellte keine Fragen während des Gesprächs. Es war in dem Moment einfach alles zu viel für mich. Da ich mich vor einem Jahr nicht ausführlich informiert hatte, spukten Vermutungen in meinem Kopf herum. Ich wollte nicht im Rollstuhl sitzen. Ich wollte Squash spielen, Schwimmen, Radfahren und Snowboarden. Ich wollte unabhängig sein und ohne Einschränkungen egal welcher Art leben.

Wieder zuhause kamen die Fragen: Warum ich? Was hatte ich falsch gemacht? Was nützte es mir, mich gesund zu ernähren, wenn es doch nichts half? Nicht zu rauchen, keine Drogen zu nehmen und wenig Alkohol zu trinken?

Ich suchte im Internet nach Beiträgen zum Thema Multiple Sklerose. Alles, was ich fand, machte mir Angst. Außerdem konnte ich die Beiträge oft nicht einordnen. Und so befragte ich lieber die Ärzte in meiner Familie.

Mein Onkel riet mir von der Studienteilnahme ab. Er meinte, ich sollte mich nicht als Versuchskaninchen hergeben und dem Psychostress aussetzen, den so ein tägliches Spritzen bedeutete. Außerdem würde die Ungewissheit mich nur zusätzlich belasten, vielleicht gar nicht das echte Medikament zu bekommen.

Meine Tante erzählte mir von mehreren Freunden und Bekannten, die die Diagnose vor vielen Jahren oder sogar Jahrzehnten erhalten hatten. In sehr großen, mehrjährigen Abständen hatten sie einen Schub und wurden dann mit Cortison behandelt, aber sonst beeinflusste die MS kaum deren Leben. Und sie waren nicht in ihren Bewegungen beeinträchtigt oder anderweitig eingeschränkt. Das beruhigte mich und ich konnte wieder klarer denken.

Die Studienteilnahme lehnte ich ab. Über Therapiemöglichkeiten informierte ich mich nicht weiter. Ich wollte das Thema am liebsten weit von mir schieben. Keine Bücher. Keine Recherche im Internet. Keine Selbsthilfegruppe.

# Angst vor der Zukunft

Die Angst lastete in den ersten Tagen schwer auf mir. Sie umschloss meinen Kopf wie eine Schraubzwinge und kippte von oben dunkle Gedanken hinein. Wenn ich an meine Zukunft dachte, mit Familie, Haus, Hund, Garten und einem Job, der mir Freude bereitete, lachte sie höhnisch und übermalte die schönen Bilder mit schwarzer Farbe. Die neuen Bilder zeigten mich allein im Rollstuhl in einer Einraumwohnung, wie ich die Wand anstarrte. Einen Job hatte ich in diesem Szenario nicht und wenn meine Eltern zu Besuch kamen, schauten sie mich mitleidig an, wussten mir aber auch nicht zu helfen.

Doch das ließ ich nicht zu. Das war ich nicht. Ich würde kämpfen und kein Stück meiner Freiheit freiwillig hergeben.

Mein Freund nahm die Diagnose hin und stellte keine Fragen. Er war mit seinem Job beschäftigt. Ich sah wieder gut, also verstand er nicht, warum ich mich sorgte. Ihm war die lachende und tanzende Nele viel lieber, die in schicken Outfits auf Party erschien.

Zum Glück war ich nicht allein. Ich hatte liebe Menschen um mich, die mir Mut zusprachen, meinen Hund, der mir Kraft gab, und Bücher, die mich trösteten und mir halfen. Die Aufgabe, die vor mir stand, war groß und würde mich wohl bis zu meinem Lebensende begleiten.

Ich wusste nicht, welche Symptome sich zeigen und wie sie mich einschränken würden. Daher musste ich flexibel bleiben und die Angst weit genug wegschieben, damit sie mich nicht belasten würde. Dennoch wollte ich sie in Sichtweite behalten, damit ich stets motiviert blieb, so gesund wie möglich zu leben.

Bei den Menschen in meiner Nähe musste ich lernen zu unterscheiden. Es gab die, die die Wahrheit aushielten und es gab die anderen, denen ich besser die heile Welt vorspielte.

All die Menschen um mich herum, die mich schützen wollten, dafür aber fortwährend Bedenken äußerten wegen meiner MS, fütterten versehentlich auch die Angst und verliehen ihr mehr Kraft.

Deshalb errichtete ich einen Schutzwall um mich herum. Ich ließ nicht mehr alle am Verlauf meiner Krankheit teilhaben. Nur wer mir Mut zusprach, blieb innerhalb des Walls. Die anderen erhielten Zutrittsverbot.

Denn ich brauchte meine Kraft und wollte der Angst keine zusätzlichen Helfer zur Seite stellen.

Ich ahnte schon damals, dass die Angst immer wieder neue Methoden ausprobieren würde, um mich zu beherrschen. Und es würde schwache Momente geben, in denen ich hinter meinen eigenen Erwartungen zurückblieb.

Diese im Verborgenen lauernde Angst überrumpelte mich in den kommenden Jahren immer wieder. Solange ich stark war, hatte sie keine Chance. Aber manchmal war ich schwach.

# Lebensfreude auf vier Pfoten

42

Abbey, die Familienhündin, war mir eine treue Begleiterin, auch schon in der Zeit vor der Diagnose. Ich ging oft mit ihr spazieren, fuhr Rad, skatete oder schwamm in der Kiesgrube mit ihr. Sie hatte viel Energie und freute sich über das gemeinsame Sportprogramm. Ihre große Freude, wenn sie mich sah, war der reinste Seelenbalsam. Sie brachte mich dazu, im Moment zu verweilen und die Zeit mit ihr ganz bewusst zu erleben. Denn wenn ich mit den Gedanken abschweifte, lief ich Gefahr, dass sie durch die Elbe bis zum anderen Ufer schwamm, Gänsen hinterherjagte oder anderweitig ihren Spiel- und Jagdtrieb auslebte. Jeder Ausflug mit ihr war entspannend, da ich mich konzentrieren und fokussieren musste. Keine lähmenden Gedanken, was irgendwann sein könnte und wie die Krankheit verlaufen würde.

Oft ging ich mit ihr an der Elbe spazieren. Und sobald wir den Elberadweg überquert hatten, ließ ich sie von der Leine, damit sie in den Elbwiesen Fährten lesen oder sich im Wasser abkühlen konnte. Wenn sie rannte, flogen ihre schwarzen Schlappohren durch die Luft und dieser Anblick beglückte mich jedes Mal aufs Neue.

Während der Spaziergänge mit Abbey roch ich das Gras und die Wildblumen, hörte das Schimpfen der Wildgänse, die sie aufscheuchte, und Abbeys begeistertes Bellen, wenn das Federvieh vor ihr davonflatterte. Und wenn mich doch ein trüber Gedanke erwischte, dann tröstete es mich, dass ich auch im Rollstuhl mit Abbey spazieren fahren und mir die Krankheit diesen Teil vom Glück niemals nehmen könnte.

# Praktikum in München

Am 15. August 2004 begann mein Pflichtpraktikum in München, das ich im Rahmen meines Fachhochschulstudiums zu absolvieren hatte. Ich arbeitete ein halbes Jahr in der zentralen Marketingkommunikation des Siemens-Konzerns. Dort fanden gerade große Umbrüche statt. Der langjährige Konzernchef Heinrich von Pierer wechselte in den Aufsichtsrat und Klaus Kleinfeld übernahm die Führung.

Das führte zu vielen Änderungen im Management. Jede Abteilung musste sich neu beweisen, und so war auch die Anspannung in der Marketingkommunikation recht hoch, wo ich für sechs Monate arbeitete.

Doch als Praktikantin belastete es mich nicht weiter. Viel mehr nahm ich neue Impulse von den Kollegen und Projekten auf. Ich erhielt Einblicke in die Marketingaufgaben und konnte aktiv an Projekten mitarbeiten. Dazu gehörte die Sprecherauswahl für ein Werbevideo, die Organisation eines Fachforums und die Entwicklung einer Mediastrategie für den global agierenden Konzern.

Mir wurde bewusst, dass ich mit dem richtigen Job die Welt entdecken und in einem multikulturellen Umfeld arbeiten konnte. Meine Kolleginnen und Kollegen gelangten auf Dienstreisen in die USA, nach China und Australien, tauschten für zwei Jahre den Job mit Kollegen aus Südafrika oder wurden für drei Jahre nach Indien entsendet. In der Abteilung arbeiteten ein Niederländer, ein Südafrikaner, ein

Brite und natürlich deutsche Mitarbeiter. Mein Berufsleben war plötzlich kulturell bunt gemischt und es gab in jeder Hinsicht viel zu lernen, von der Geschichte Südafrikas über den Ausnahmezustand zur Wiesn bis hin zu den Schwierigkeiten, eine Werbekampagne von der Zentrale aus bis in alle kleinen Bereiche weltweit auszurollen.

Obwohl ich schon immer gern reiste, wollte ich früher dauerhaft in Dresden bleiben. Doch plötzlich fand ich die Aussicht auf einen interessanten Job in einer internationalen Firma extrem spannend. Ich wollte ins Ausland gehen und neue Erfahrungen sammeln. Solange die MS mich ließ, würde ich mein Leben genießen.

Das Nachtleben in München war schwerer zugänglich für mich. Ich hatte hier kein Auto und kannte mich nicht so gut aus. Zum Glück war Tessa ebenfalls für ein paar Monate in der Stadt. Ich kannte sie aus Dresden, und wir wurden in München richtig gute Freundinnen. Wir kauften uns Dirndl für die Wiesn und gingen zweimal zusammen hin, besuchten ein paar Clubs mit elektronischer Musik und fuhren regelmäßig mit ihrem Auto am Wochenende nach Dresden und wieder zurück. Einmal nutzen wir die Nähe zu den Bergen, um am Wilden Kaiser Snowboard beziehungsweise Ski zu fahren.

Während meiner Zeit in München kämpfte ich gegen eine massive Müdigkeit, die mir zeitweise die Arbeit erschwerte. An manchen Tagen fiel es mir schwer, nicht vorm Rechner einzuschlafen, obwohl ich eigentlich ausreichend Nachtschlaf bekommen hatte. Doch ich hinterfragte das nicht weiter.

# Liebe und Frust

Die Beziehung zu meinem Freund bekam mir nicht. Er hatte kaum Zeit, mit mir zu telefonieren, als ich in Düsseldorf im Krankenhaus lag. Nach der Diagnose missfiel ihm, dass ich besorgt und grüblerisch war. Und in München besuchte er mich auch nicht. Entweder ich kam am Wochenende nach Dresden oder wir sahen uns nicht. Denn er arbeitete am Samstag bis zum Nachmittag, ging abends feiern und hatte nur am Sonntag frei.

Als ob das nicht reichte, erhielt ich von einem Bekannten den Hinweis, dass er regelmäßig Affären hatte. Ich wollte es erst nicht glauben und brauchte Beweise. Nach kurzer Detektivarbeit fand ich drei Frauen in drei Monaten. Endlich öffnete ich meine Augen und begriff, wer mein Freund wirklich war. Jahrelang hatte ich es nicht sehen wollen und hatte Bedenken und Hinweise von Freunden ignoriert.

Während er arbeitete, fuhr ich in seine Wohnung, packte meine Sachen zusammen und legte ihm die Schlüssel zu seiner Wohnung auf den Tisch. Mein Kumpel Karl, der mir bereits in Düsseldorf zur Seite gestanden hatte, holte mich ab und fuhr mich zu meinen Eltern. Ich hatte kein Redebedürfnis mehr und beendete die Beziehung.

In den kommenden Wochen gab sich mein Ex-Freund unglaublich viel Mühe und versuchte mich davon zu überzeugen, dass er sich ändern würde. Ich wollte es glauben, weil ich ihn immer noch liebte, auch wenn mich mein

Verstand warnte. Und so gab ich ihm eine zweite Chance mit klaren Ansagen, was mir wichtig war und sich ändern sollte. Dazu gehörte, dass er nicht für mehr als 24 Stunden unerreichbar sein dürfte, denn mein Vertrauen war weg.

Der zweite Beziehungsversuch begann. Doch inzwischen war ich zu einer Anderen geworden. In den drei Jahren zuvor waren wir viel auf Partys gewesen, und ich hatte dieses Leben genossen. Schicke Klamotten, viel Tanzen und Lachen. Doch mittlerweile hatte ich mich geändert. Die Diagnose MS vergälte mir den Glamour der Partys und ihrer Gäste. Ich ertrug die oberflächliche Atmosphäre nicht mehr und hatte keine Kraft zu strahlen, weil es mir nicht gut ging.

Ich war tagsüber und abends müde. Meine Freunde traf ich weiterhin in Bars. Wir redeten, gingen ins Kino, hatten Spaß und dann fuhr ich in die leere Wohnung meines Freundes, nachdem er mit seinen Freunden zum Feiern aufgebrochen war. Es war ihm äußerst wichtig, dass ich die Wohnung erst betrat, wenn er mit seinen Freunden bereits fort war.

Gleich zu Beginn unseres zweiten Versuchs fuhren wir in den ersten gemeinsamen Urlaub. Es ging nach Barcelona. Für mich war es ein kleiner Hoffnungsschimmer, dass es doch noch etwas mit uns werden könnte. Die Stadt war toll und ich schleppte ihn zu all den Bauwerken von Antonio Gaudí, einem meiner absoluten Lieblingsarchitekten. Er wirkte anders in der fremden Umgebung, weniger souverän, geradezu verunsichert. Hier war er auf mich angewiesen, da er weder Englisch noch Spanisch sprach und ich die ganze Kommunikation mit den Menschen vor Ort übernahm. Mir gefiel dieser Rollentausch und ich genoss den Ausflug.

Doch die Urlaubsstimmung hielt nicht lange an. Zwei Wochen später tauchte er ein ganzes Wochenende ab. Er rief nicht zurück und schickte keine Nachricht. Erst war ich sauer, dann machte ich mir Sorgen und schließlich begriff ich, dass er sich nie ändern und mich im Stich lassen würde, wenn die Multiple Sklerose einmal härter zuschlagen sollte.

Ich trennte mich erneut und diesmal war es für immer.


Nach der Trennung rutschte mein Selbstwertgefühl in den Keller. Ich fühlte mich hässlich und nicht liebenswert. Mich plagte die Angst, mit der Diagnose keinen Partner zu finden, der mich so liebte wie ich bin und der bereit wäre, das Risiko in Kauf zu nehmen, dass es mir eines Tages schlechter gehen könnte.

Zum Glück standen mir meine Freunde bei, munterten mich auf und zeigten mir, dass ich offenbar doch ganz in Ordnung war. Mein Kopf und Herz strebten in unterschiedliche Richtungen. Einerseits hing ich noch an meinem Ex-Freund, anderseits wusste ich, dass ich nur ohne ihn glücklich werden konnte.


Ich stürzte mich recht bald in eine andere Beziehung. Der Neue war superkonservativ und erklärte mir, dass ich sein Auto und am besten gleich noch seine Wohnung aufräumen sollte. Schließlich gehörte das zu den Aufgaben einer Frau. Er wusch sich gefühlte 40 Mal am Tag die Hände und behauptete zwar sportlich zu sein, legte aber auf unserer ersten Radtour bereits nach zehn Minuten eine lange Pause ein. Und er war tatsächlich richtig erschöpft von dem bisschen Sport.

In den wenigen Wochen, die wir zusammen waren, häuften sich die Widersprüche.

Bis heute denke ich nur mit viel Widerwillen an diesen Abschnitt zurück. Das einzig Gute an der kurzen Beziehung war, dass ich es dadurch schaffte, meinem Exfreund fernzubleiben.

Danach blieb ich eine Weile Single. Nachdem mein Praktikum in München vorüber war, zog ich in Mittweida in eine WG mit zwei Freunden. Meinen Studentenjob in Dresden kündigte ich und verbrachte von nun an auch viele Wochenenden in Mittweida.

An einem Abend veranstaltete der Studentenclub eine Party anlässlich der Theaterpremiere von unserem Stück »Der nackte Wahnsinn«, bei dem ich mich organisatorisch mit eingebracht hatte.

Dafür kamen auch ehemalige Studierende vorbei. Einer davon hatte zwei Jahrgänge über mir studiert. Ich hielt ihn immer für sehr arrogant, doch an diesem Abend unterhielten wir uns und lachten viel dabei. Kurze Zeit später wurden wir ein Paar.

Gleich zu Beginn erzählte ich ihm von meiner Diagnose und dass ich nicht wusste, was die Zukunft für mich bereithielte. Mir war es wichtig, diesen Punkt von Anfang an offenzulegen. Er hörte mir zu, stellte keinerlei Rückfragen und erzählte mir im Gegenzug von seinen großen Karriereplänen. Er hatte viel vor und wollte in ein paar

Jahren Geschäftsführer einer Medienfirma sein. Die Verbindungen hatte er bereits während des Studiums geknüpft, nun ging es darum, mit viel Einsatz zu zeigen, dass er Karriere machen konnte.

Bei mir stand ebenfalls ein neuer Baustein auf meinem Karriereweg an. Im sechsten Semester ging ich für fünf Monate zu Siemens nach Forchheim, um dort Vollzeit als Werkstudentin zu arbeiten. Das fand außerplanmäßig statt und wurde mir durch die Empfehlung eines Kollegen aus München angeboten. Die Chance, in diesem spannenden Unternehmen Fuß zu fassen, wollte ich mir nicht entgehen lassen.

Zum Glück konnte ich meine Professoren davon überzeugen, dass mir diese Arbeit viel bringen würde und sie entbanden mich von der Anwesenheitspflicht, unter der Bedingung, dass ich meine Hausarbeiten rechtzeitig abgab und zu den Prüfungen erscheinen würde.

Für mich begann eine sehr intensive Phase, da ich unter der Woche bei Siemens arbeitete und abends sowie am Wochenende den Unterrichtsstoff der Uni nachholte, Hausarbeiten schrieb und für die Prüfungen lernte. Aber es machte mir Spaß, ich bearbeitete spannende Projekte bei Siemens und konnte Kontakte knüpfen.

Meine Wochenenden verbrachte ich meist in Mittweida und las mir den Unterrichtsstoff an. Die Urlaubstage benötigte ich für die anstehenden Prüfungen an der Uni. Zwischendurch war ich mal in Leipzig bei meinem neuen Freund oder er besuchte mich in Mittweida. Ich verliebte mich mehr und mehr in ihn, und für mich wurde die Beziehung immer wichtiger.

Als er ein erstes Treffen bei seinen Eltern zum Kennenlernen absagte, wurde ich misstrauisch. Ich hatte keine Lust mehr auf unausgewogene Beziehungen, in denen ich gab und mein Gegenüber nur nahm. Also bat ich ihn um ein Gespräch darüber, ob diese Beziehung eine Zukunft habe. Für ihn stand die Karriere absolut im Fokus. Deshalb hatte er keine zusätzliche Energie, die er in eine Beziehung stecken konnte, erst recht nicht in eine auf Distanz. Nach dem Gespräch war ich traurig und wieder Single.

Dennoch hielt ich es für die richtige Entscheidung. In meinem Kopf schwirrte die Frage umher, ob das Beziehungsende mit meiner MS-Diagnose zusammenhing. Vielleicht hatte er einfach Angst davor, sich in die falsche Frau zu verlieben, die ihm später zur Last fallen würde. Eine Antwort auf diese Frage erhielt ich nie.

Nachdem ich den ersten Schmerz überwunden hatte, beschloss ich mich auf meine beruflichen Ziele zu konzentrieren. Ich stellte meine Gesundheit, meine Familie, meine Freunde und meine Selbstverwirklichung an erste Stelle. Ich hatte einfach keine Lust mehr verletzt zu werden. Es reichte mir.

# Rückhalt durch Freunde

Gerade in den ersten Monaten nach der Diagnose brauchte ich Unterstützung und positiven Zuspruch, den ich von meinen Freunden erhielt.

Kurz nach der Diagnose fragte mich meine Freundin Anne, ob wir spontan gemeinsam nach Kopenhagen fliegen wollten. Mit dem Billigflieger kämen wir für kleines Geld von Berlin aus in die dänische Hauptstadt. Die Unterkunft würden wir uns vor Ort suchen und im August war es gewiss toll in der Stadt. Ich fand die Idee super und kurz darauf ging es los.

Als wir im Touristencenter der Stadt standen, stellte sich heraus, dass gerade mehrere Messen stattfanden und deshalb alle günstigen Hotels ausgebucht waren. Wir konnten zwischen einem Doppelzimmer für 280 Euro pro Nacht oder einem Hostel wählen. Wir entschieden uns für Letzteres mit dem vielversprechenden Namen »Sleep in Heaven«. Klang gut.

Vor Ort mutierte der Himmel allerdings mehr zum Viehstall. Wir bekamen nur noch zwei Betten im Hundertmannzimmer, das mit Dreier-Stockbetten vollgestellt war. Es gab Nischen mit zwei sich gegenüberstehenden Dreierstockbetten und die Trennung zur nächsten Nische wurde durch dünne Holzplatten gewährleistet.

Wir erhielten die beiden unteren Betten und über uns schliefen jeweils zwei Italiener, ein paar Jahre jünger als wir und freudig überrascht über die Damenzuteilung. In der Nacht gab es viele interessante Geräusche und verdammt schlechte Luft. Doch die Situation war so schräg, dass sie schon wieder komisch war und wir darüber lachten. Dennoch waren wir froh, als wir nach zwei Nächten im »Viehstall« in ein Doppelzimmer wechseln konnten.

Der Kurzurlaub selbst war herrlich. Wir erkundeten die Stadt auf Leihrädern, ruhten uns im Schatten der Bäume in den verschiedenen Parks aus und machten eine tolle Sightseeing-Bootstour. Wir redeten über meine Diagnose, über Männer und Träume. Vor allem lachten wir viel und Anne half mir, wieder positiv in die Zukunft zu blicken und das Selbstmitleid zu überwinden.

An der Uni verstand ich mich sehr gut mit Olivia, einer Kommilitonin. Sie lud mich zur Silvesterparty in ihre Berliner WG ein. Gerade lebte sie in der Hauptstadt, um dort ihr Pflichtpraktikum zu absolvieren. Wir waren fünf Frauen, die gemeinsam feierten und das neue Jahr begrüßten, auf dass es in 2005 bergauf ginge mit der Liebe, Gesundheit und allem anderen.

Ich genoss die Feier im geschützten Rahmen. In den vorangegangenen Jahren war ich meist auf House-Partys mit ein paar Freunden, umgeben von vielen Fremden. Das hätte ich dieses Jahr nicht verkraftet und allein zuhause sitzen wollte ich auch nicht.

Im März 2005 gönnte ich mir eine zweiwöchige Reise nach New York City. Meine Cousine Selina und ihr Freund hatten ein Stipendium für ein halbes Jahr an einer Eliteuniversität der Stadt bekommen. Ein absoluter Glücksfall. Obwohl ich für die Reise an mein Erspartes gehen musste, bereute ich es nicht. So schnell würde ich wohl nicht mehr die Gelegenheit erhalten, kostenlos in New York City zu wohnen.

Es war verdammt kalt und ich fror oft, während ich versuchte so viel wie möglich von der Stadt zu sehen. Doch das trübte meine Laune kein bisschen. Wir fuhren mit der Fähre nach Staten Island, um den Blick auf die Freiheitsstatue und den Financial District zu genießen. Außerdem besichtigten wir das Metropolitan Museum, das MOMA, die Frick Collection, die Neue Galerie und bewunderten die Architektur des Getty Museum. An manchen Abenden brummte mir der Schädel von all den Eindrücken, Geräuschen und Gerüchen. Zum Glück hatte ich genügend Schmerzmittel mitgenommen.

Wir nahmen an einem Gospelgottesdienst teil. Mir imponierte, wie der Pfarrer auf seine Gemeindemitglieder einging und die Bibelzitate ganz konkret auf ihre Probleme auslegte. Außerdem war der Gesang toll.

Ich stand im Washington Square Park, der in der Fernsehserie Friends und im Film »I am legend« gezeigt wurde, und aß verschiedene leckere Snacks von den Delis. Der Charme vom Central Park wirkte auch noch bei schlechtem Wetter, mit seinen kleinen Brücken, verwinkelten Pfaden, Wasserläufen und alten Bäumen.

Ich kostete die etwas verbrannt schmeckende Pretzel, eine Art Riesenbrezel, die Straßenhändler überall anboten.

All diese Eindrücke zeigten mir, dass mein Leben weiter schön war, es mir gut ging, die Diagnose nicht das Ende bedeutete, und ich war dankbar dafür, viele liebe Menschen um mich zu haben.

# Eine neue Lebensweise

Ein Vierteljahr nach meiner Diagnose wich das Selbstmitleid dem aktiven Handeln. Denn genau genommen gab es jede Menge Stellschrauben, die ich selbst bedienen konnte. Da die genaue Ursache der Multiplen Sklerose bisher nicht geklärt war, gab es zwar keine absolut zuverlässigen Fakten, aber eine Menge Empfehlungen, was die Gefahr von Schüben erhöhte und was sie senkte.

Ein Schub wird mit einer mindestens 24-stündigen, meist länger anhaltenden Beeinträchtigung definiert, die außerdem als Entzündungsherd im Gehirn oder Rückenmark auf den MRT-Bildern zu sehen ist. Ein Schub kann das Sehen beeinträchtigen, sich auf den Bewegungsapparat auswirken oder Missempfindungen auslösen, um ein paar der typischsten Merkmale zu nennen.

Die Gene scheinen eine kleine Rolle zu spielen und ebenso der Lebenswandel. An meinen Genen konnte ich nichts verändern, sagte ich mir, und meine Vergangenheit lag hinter mir. Aber auf meine Gegenwart hatte ich Einfluss.

Ich konnte mich gesund ernähren, indem ich genügend Wasser und Tee trank, viel Obst und Gemüse aß und wenig Zucker und Fett konsumierte. Zum Glück schmeckten mir seit jeher eher die gesunden Sachen und so stand Obst schon immer reichlich auf meinem Speiseplan. Beim Gemüse hatte ich noch Luft nach oben. Kaffee trank ich nur in Maßen, ansonsten Wasser, seltener Säfte und Limonaden.

Sport hatte nachweislich einen positiven Einfluss. Ich lernte, dass er zu einer längeren Beweglichkeit beitragen konnte, das Risiko von Schüben verringerte und die Zeitspanne verkürzte, sich nach einem Schub zu erholen. Schließlich liebte ich Freizeitsport, besonders Schlägersportarten wie Tischtennis, Badminton oder Squash. Bei den Ausdauersportarten gefielen mir Schwimmen, Inlineskaten und Radfahren. Im Winter versuchte ich wenigstens für ein Wochenende oder mehrere Tage auf dem Snowboard die Pisten hinunterzudüsen. Und im ganz normalen Alltag war ich oft zu Fuß unterwegs und nahm auch mal die Treppe statt des Aufzugs. Bei MS war Joggen wohl auch richtig gut, doch diesen Sport mochte ich nicht sehr. Ich nahm mir aber vor es immer mal wieder zu probieren. Nach ein paar Jahren fand ich meine Art des Joggens, fühlte mich anschließend gut und konnte abends schneller einschlafen.

Neben den genannten positiven Einflussfaktoren gibt es natürlich auch Risikofaktoren. Dazu gehören bei der MS Rauchen, Übergewicht und Alkohol. Statistiken zeigen, dass Raucher eher einen höheren Behinderungsgrad haben, sodass es ratsam ist, damit aufzuhören. Zum Glück hatte ich nie geraucht und musste mich damit nicht weiter beschäftigen.

Alkohol hatte ich immer mal auf Partys getrunken, nun nahm ich mir vor meinen Konsum gegen null zu fahren. Es ging mir dabei nicht um völlige Abstinenz, aber ich wollte gern alles dafür tun, um meinen Körper nicht zusätzlich zur Krankheit zu schädigen. Und Alkohol hatte für mich nie eine große Rolle gespielt, also sah ich kein Problem darin ihn weiter einzuschränken.

Mit Übergewicht hatte ich bisher nie ein Problem und es schien in den Empfehlungen, die ich las, auch vielmehr um ein gesundes Körpergefühl zu gehen, nicht um ein konkretes Gewicht. Der Körper sollte keinem zusätzlichen Stress ausgesetzt werden.

Natürlich konnte mir niemand genau sagen, wie viel diese drei Punkte konkret ausmachten. Aber alles, was mir nicht weh tat und Chancen auf einen besseren Krankheitsverlauf bot, wollte ich ausprobieren.

Ein viel schwerer zu kontrollierender Risikofaktor war psychischer Stress, da ich einen hohen Anspruch an mich und meine Arbeit hatte und mich oft das Gefühl plagte, ich müsste noch schneller, effektiver und besser werden. Wenn ich diesen Anspruch nicht vollständig erfüllte, hatte ich versagt. Zumindest fühlte es sich so an. Und so kämpfte ich noch für viele Jahre gegen diesen Risikofaktor.

Auf meinen privaten und beruflichen Reisen lernte ich viele Menschen kennen. Sie zeigten mir, dass sich nicht alles in ein klares Schwarz und in ein reines Weiß trennen ließ. Jeder Mensch war individuell und hatte seine eigenen Ansichten, Vorstellungen und Regeln. Dieses neue Bewusstsein für all die Graustufen entspannte mich. Schließlich bedeutete es, dass sowohl meine Meinung oder Herangehensweise an ein Problem als auch die meines Gegenübers richtig sein konnte.

Meine Einstellungen und Denkmuster änderte ich über die Jahre: Statt »Du bringst nie etwas zu Ende!« hin zu »Wenn mir etwas gefällt, ziehe ich es durch, wenn es mir keinen Spaß macht, breche ich es ab«.

Als weiterer Risikofaktor wurden Impfungen mit Lebendviren genannt. Bisher hatte ich nie darauf geachtet. Nun informierte ich mich vor anstehenden Impfungen. Zum Glück erhält man als Erwachsener fast nur Totimpfstoffe. Im Zweifelsfall stand für mich die Risikoabwägung im Vordergrund. War die Gefahr zu erkranken gravierender oder die Folgen eines Schubs? Meist ging das höhere Risiko von der Krankheit und ihre möglichen Komplikationen aus. Zudem versuchte ich ab jetzt wieder regelmäßig die Grippeschutzimpfung wahrzunehmen, denn eine schwere Grippe konnte die Multiple Sklerose befeuern und einen Schub auslösen, lernte ich.

Große Hitze kann ebenfalls einen Schub begünstigen, da sie für den Körper Stress bedeutet. Ich hatte mich noch nie wohl gefühlt, wenn die Temperaturen 30 Grad oder mehr betrugen. Insofern konnte ich mich gut darauf einstellen. Und falls ich doch ein heißes Land bereisen wollte, dann wählte ich die am wenigsten anstrengende Saison.

# II. August 2006 bis Dezember 2010

# Ein halbes Jahr Chicago

Nachdem ich alle Prüfungen an der Uni bestanden hatte, trennte mich nur noch die Diplomarbeit vom Studienabschluss. Doch bevor ich diese abgab und verteidigte, ging ich für ein halbes Jahr nach Chicago, um dort ein Praktikum bei Siemens zu absolvieren.

In den Monaten vor meiner Abreise recherchierte und schrieb ich viel für den theoretischen Teil meiner Abschlussarbeit. Mein Inhaltsverzeichnis stellte ich mehrfach um, bis ich endlich zufrieden war. In Chicago wollte ich die Texte überarbeiten und vor allem die dazugehörige Umfrage durchführen und auswerten, die sich an Mitarbeiter*innen von Siemens richtete, die an einer speziellen Weiterbildungsmaßnahme teilgenommen hatten. Bestimmt würden mir mehr Teilnehmer antworten, wenn ich die Anfrage von einer Siemens E-Mail-Adresse aus verschickte, so meine Hoffnung.

Natürlich gab es vor der Abreise viele organisatorische Dinge zu erledigen. Ich musste jede Menge Formulare ausfüllen, um das Visum zu bekommen, eine Auslandskrankenversicherung abschließen und Unterlagen für Siemens vorbereiten, damit ich mein Praktikum antreten konnte. Für die intensiven Jahreszeiten in Chicago mit Temperaturen von +35 Grad im Sommer und -30 Grad im Winter kaufte ich mir einen riesigen Koffer, um dünne und dicke Sachen einpacken zu können.

Im August 2006 war es soweit. Mein Flug startete von Dresden nach Frankfurt und von dort ging es direkt nach Chicago O'Hare.

Da es bei meiner Ankunft regnete, bot sich mir zunächst nur ein verschwommener Blick auf die Skyline.

Meine Arbeit und die Wohnung lagen im Vorort Schaumburg. Wie der Name vermuten lässt, gründeten einst Deutsche diese Stadt. Dank Siemens hatte ich ein möbliertes Appartement mit Balkon, einen schicken Mietwagen und bekam genügend Geld, um ein Leben vor Ort zu finanzieren.

Außerdem lebte Kira, eine meiner Großcousinen, seit mehreren Jahren in Downtown Chicago. Ich hatte sie bisher erst zweimal in meinem Leben auf großen Familienfesten gesehen und wusste, dass sie in meinem Alter war.

Also fuhr ich an meinem ersten Wochenende mit dem Auto zu ihr. Als ich mich der Innenstadt näherte, erhob sich auf einmal die Skyline. Zuerst sah ich den glänzend schwarzen Sears Tower (mittlerweile Willys Tower). Er verjüngte sich nach oben immer mehr und war derzeit der höchste Wolkenkratzer Nordamerikas.

Immer mehr Hochhäuser wurden sichtbar. Alle waren in unterschiedlichen Stilarten gebaut und variierten in ihren Formen. Ich bekam eine Gänsehaut und lächelte. Im kommenden halben Jahr wollte ich die Architektur ergründen, die Museen besuchen, die Küche durchprobieren und die Clubszene kennenlernen. Ich hatte mich getraut, allein auf einen anderen Kontinent zu gehen, und ich würde das Beste aus meiner Zeit hier machen. Von der Multiplen Sklerose ließ ich mich nicht einschüchtern. Denn das waren mein Leben, meine Chance und mein Erfolg.

Kira lebte mit ihrem Hund Rocky, einem Freund und dessen Dackel in einer WG im Souterrain. Durch Kira lernte ich die Clubszene Chicagos und natürlich neue Leute kennen, teils Chicagoer, teils Europäer.

Oft besuchten wir Sportsbars rund um das Baseballstadion Wrigley Field, das älteste in den USA.

Hier liefen alle vier populären Sportarten auf großen Flachbildschirmen – American Football, Baseball, Basketball und Eishockey – und meist ging es sehr entspannt zu.

Im Sommer bummelten wir über mehrere Straßenfeste. Mal stand eine Nationalität im Fokus wie beim Fest der Puertoricaner, wo es Schalen mit leckeren Mangostücken gab. Ein anderes Mal drehte sich alles um die Küche Chicagos, wie zum Beispiel beim »Taste of Chicago«, wo sich ein Essensstand an den anderen reihte. Und natürlich ertönte auf all diesen Festen Livemusik.

Doch nicht nur in meiner Freizeit hatte ich viel Spaß. Im Job ging es um Nuklearmedizin, ein spannendes Feld. Ich erarbeitete Inhalte fürs Internet und Intranet. Meine Kollegen und meine Chefin banden mich aktiv ein, wodurch ich viel lernte.

Von der Multiplen Sklerose spürte ich nichts. Ich versuchte, weiterhin gesund zu essen, genügend zu schlafen und trank so gut wie nie Alkohol. Das bescherte mir oft komische Blicke, wenn ich Cranberry Juice bestellte. Fast immer folgte die Frage »mit Wodka?«, die ich verneinte. Es schien fast, als ob kein US-Amerikaner über 21 Jahre in eine Bar oder einen Club ging, ohne etwas Alkoholisches zu trinken. Auch die Kollegen waren sehr irritiert, wenn wir mal am Freitag gemeinsam weggingen und ich strikt bei Saft und Wasser blieb. Ich erzählte ihnen dann meist etwas von Kopfweh und das ich vorm Autofahren lieber nichts trank, denn mein Beschluss hatte nach wie vor Bestand, dass ich meine Diagnose für mich behielt. Kein Kollege, mit Ausnahme meiner Chefin, wusste von der Diagnose MS. Ich wollte mir keine Karrieremöglichkeiten verbauen.

Die vielen neuen Eindrücke, das Glücksgefühl und die gesunde Lebensweise schienen meiner Gesundheit gut zu tun. Die MS blieb ruhig.

Gegen Ende des Praktikums erhielt ich das Angebot, ein Jahr länger zu bleiben, diesmal als reguläre Mitarbeiterin im Marketing. Ich dachte zwei Wochen darüber nach. Für meine Karriere und mein Englisch wäre es gewiss gut, noch länger zu bleiben. Mit meinem Professor von der Hochschule in Mittweida vereinbarte ich, die Diplomarbeit ein Jahr später abzugeben und zu verteidigen. Er verlangte im Gegenzug eine ausführlichere Auswertung der Umfrage, die ein wesentlicher Bestandteil meiner Diplomarbeit war. Ich sollte nun nicht nur einen Zeitraum von fünf Jahren auswerten, sondern die gesamten 15 Jahre, die das Weiterbildungsprogramm bereits lief. Für mich war diese Abmachung in Ordnung, denn bisher hatte ich schon eine gute Antwortquote und konnte als Siemens-Mitarbeiterin auch besser im Schulungszentrum nachfragen. Also mehr

Aufwand für die Diplomarbeit, aber auch mehr Zeit. Obendrein erhielt ich das Studentenvisum viel einfacher als ein reguläres Arbeitsvisum.

Da ich mit meiner MS keinerlei Probleme hatte, entschied ich mich fürs Bleiben, unter der Bedingung, dass ich meinen bereits geplanten vierwöchigen Urlaub an der Westküste durchführen konnte. Und ich musste im Anschluss kurz nach Deutschland, um mein Visum zu verlängern und diese Neuigkeit meiner Familie persönlich zu sagen. Der Deal war für meine Chefin okay, denn in den letzten Monaten hatte ich stets Überstunden gemacht, die ich nun einlösen konnte.

# Urlaub an der Westküste

Anfang April 2007 flog ich nach San Francisco und freute mich über den Anblick der schneebedeckten Rocky Mountains aus der Vogelperspektive. Am Flughafen traf ich meinen Kumpel Nino aus Düsseldorf, mit dem ich bis San Diego reisen wollte. Es war April und die Temperaturen angenehm mild. Große Hitze versuchte ich seit meiner MS-Diagnose zu vermeiden, wenn ich konnte, um keinen Schub zu provozieren.

Nach den Highlights von San Francisco, wie der Golden Gate Bridge und den viktorianischen Häusern, verließen wir die Stadt und fuhren zum Yosemite Nationalpark. Dort beschlossen wir spontan den Glacier Point zu erklimmen. Ich trug normale Sneakers und Nino Turnschuhe. In unserer Karte war die Route als normaler Wanderweg gekennzeichnet, das sollte unser Schuhwerk mitmachen, dachten wir. Der Aufstieg versprach eine tolle Aussicht auf den gegenüberliegenden Halfdome, für den wir eine richtige Kletterausrüstung gebraucht hätten.

Nach zwei Stunden und etlichen überwundenen Höhenmetern erreichten wir eine Wegsperrung. Wir sahen frische Schuhabdrücke im Schnee vor uns liegen und beschlossen, auch diesen Hinweis zu ignorieren. Die Sonne schien warm vom Himmel und so unpassierbar konnte der Weg gar nicht sein. Bis zur Bergspitze mussten wir noch einige Schneefelder überwinden, einmal ging es ziemlich steil den Berg hinab. Wir hielten uns ganz nah am Berghang und probierten jeden Schritt erst aus, bevor wir unseren Fuß mit voller Belastung in den Schnee setzten. Auf dem Berggipfel wurden wir mit einer phänomenalen Aussicht auf den Halfdome, das Yosemite-Tal und mehrere Wasserfälle belohnt. Als wir am Nachmittag wieder den Mietwagen erreichten, lag eine Wanderung von acht Stunden hinter uns. Ich war auf dem Rückweg mehrfach weggerutscht, meine Knie fühlten sich heiß an und ich war mit meinen Kräften am Ende. Dennoch war ich am nächsten Tag stolz darauf, mal eben diesen hohen Berg bestiegen zu haben.

Als Nächstes besichtigen wir das prächtige Anwesen von Mr. Hearst, der einst ein großer Medienmogul gewesen war und antike Kunst gesammelt hatte. Dort gab es Sphinxen aus dem Alten Ägypten, einen mit Marmor ummantelten Swimmingpool im Stil der griechischen Antike, direkt daneben römisch-antike Statuen und Pavillons sowie eine alte katholische Kirche.

Weiter ging es ins Monterrey Aquarium, wo wir viele Meeresbewohner bewunderten, inklusive handtellergroßer Rochen. Los Angeles durchfuhren wir nur, schauten uns den Hügel mit dem Hollywood-Schild an und drehten eine Runde über den Rodeo Drive. Die Hälfte der Zeit, die wir in der Stadt verbrachten, standen wir allerdings im Stau.

In Santa Barbara schienen nur junge und gutaussehende Menschen zu wohnen. Wir steuerten den Hafen an, wo es viele Restaurants mit einem schönen Blick aufs Meer und großartigem Essen gab.

Mit San Diego erreichten wir die Endstation unseres Roadtrips. Wir verbrachten einen ganzen Tag im riesigen

Zoo und erkundeten abends das Gaslamp Quarter, das berühmte Kneipenviertel der Stadt. Neben den Zootieren war die Anlage so bepflanzt, dass auch einheimische, freilebende Tiere angelockt wurden. Dazu gehörten Kolibris, die Nektar aus roten Blüten tranken und das südliche Flair der Stadt noch verstärkten. Ich kam mir vor wie in einem Disneyfilm, so unwirklich erschienen mir diese zarten Vögelchen. Zu meiner großen Freude beheimatete der Zoo zig Schweinerassen. Manche hatten Pinselohren, andere trugen einen modischen Pony, wieder andere waren mit einem prächtigen weißen Schnauzer ausgestattet.

Wir flogen nach San Francisco, wo ich mich von Nino verabschiedete, der zurück nach Deutschland flog. Doch gleich darauf begrüßte ich meinen Kumpel Karl, mit dem ich meine Westküstentour fortsetzte.

Diesmal ging es gen Norden auf dem Highway 1. Wir durchfuhren beeindruckende Redwood Parks mit riesigen alten Bäumen und erkundeten einige Abschnitte zu Fuß. Leider hat nur ein Bruchteil der Baumriesen die Goldgräberzeit überlebt. Die meisten wurden damals abgeholzt. Und es dauert Jahrhunderte bis ein großer Redwood nachwächst.

Wir besuchten eine große Robbenkolonie und erlebten die schroffen Küsten der Bundesstaaten Washington und Oregon. Einmal verließen wir die Küste, um einen Abstecher nach Portland zu machen. In Seattle verbrachten wir mehrere Tage. Wir buchten eine Underground Tour, die von den Anfängen der Stadt zeugte, als die Straßen noch eine Etage tiefer lagen und bei einsetzender Flut der Inhalt der Kanalisation wieder aus den Toiletten empor sprudelte. Das muss gestunken haben. Natürlich besichtigten wir auch den Pike Place Market, der zu den ältesten Bauernmärkten der USA gehörte.

Dann fuhren wir nach Vancouver. Hier wurde bereits massiv für die Olympischen Spiele 2010 gebaut. Die Stadt vibrierte von Baulärm und Energie.

Zurück in Seattle flog mein Kumpel nach Hause und ich nach Chicago. Erst einen Tag später startete ich zurück nach Dresden.

# Noch ein Jahr Chicago

Meine Eltern und Schwester holten mich Anfang Mai 2007 vom Flughafen ab. Sie hielten ein großes Willkommensplakat hoch und ich freute mich riesig. Der Dresdner Flughafen kam mir nun winzig vor nach all den anderen Flughäfen, die ich gesehen hatte.

Im Haus meiner Eltern eröffnete ich ihnen, dass ich ein weiteres Jahr in Chicago bleiben würde. Sie waren schockiert und befürchteten, dass ich am Ende dauerhaft in den USA bleiben würde. Ich versicherte ihnen, dass das keinesfalls mein Plan war, da ich mich viel zu sehr als Europäerin fühlte. Dennoch empfand ich das Angebot von Siemens als eine große Wertschätzung meiner Arbeit und freute mich, noch mehr Gegenden in den USA besichtigen zu können.

Ich versuchte, so viele Freunde wie möglich zu treffen, verabredete mich zum Brunch, zu einem Spaziergang an der Elbe oder in einer der Bars der Dresdner Neustadt. Auch meine restlichen Verwandten, Großeltern, Cousinen, Tanten und Onkels, versuchte ich alle noch einmal zu besuchen.

Obwohl die Zeit rannte, schaffte ich es, nebenbei alle Unterlagen für die Visumverlängerung fertigzubekommen und schon saß ich wieder im Flieger zurück nach Chicago.

Von meiner MS spürte ich weiterhin nichts, sondern fühlte mich einfach gut.

Siemens stellte mir wie bisher den Mietwagen und eine möblierte Wohnung zur Verfügung. Ich war nun als

Marketingspezialistin angestellt und arbeitete am Intranet mit, der Website und dem Kundenbindungstool von Siemens-Nuklearmedizin. Das bedeutete mehr Verantwortung, mehr Respekt, aber auch viele Überstunden.

Um einen Ausgleich zum Büro zu haben, trat ich in ein Fitnessstudio ein, das bei mir im Vorort lag. Dort gab es ein Schwimmbad mit vier 25-Meter-Bahnen, eine Dampfsauna, einen Außenpool für den Sommer, jede Menge Kurse und viele Geräte und das alles 24 Stunden am Tag, sieben Tage die Woche. Da Sport im Freien bei den Extremtemperaturen nicht wirklich Spaß machte, ging ich nach kurzer Zeit fünfmal die Woche dorthin, schloss sogar Freundschaften und bald gehörte es zu meiner Tagesroutine. Nach der Arbeit fuhr ich ins Fitnessstudio, danach in den Supermarkt und anschließend nach Hause.

Den Laptop von Arbeit nahm ich am Wochenende meist mit heim, um weiter an meiner Umfrage und dem Theorieteil für die Diplomarbeit zu arbeiten. Ich wollte meinem Professor beweisen, dass sein Entgegenkommen bei meinem nach hinten verlegten Abgabetermin eine gute Entscheidung gewesen war und arbeitete alles besonders exakt und umfassend aus.

Mit meiner Cousine Kira fuhr ich regelmäßig in Clubs zum Feiern und Tanzen. Das komplette Programm aus Arbeit, Sport und Nachtschwärmereien strengte mich sehr an und ich war oft müde, aber gleichzeitig glücklich und zufrieden.

Eines Nachts fiel ich auf der Rückfahrt nach einem Partyabend in Downtown Chicago auf dem Highway in einen Sekundenschlaf. Zum Glück passierte nichts und ich kam heil zu Hause an. Doch dieser Vorfall war mir eine Lehre und ich beschloss mit dem Nachtprogramm kürzer zu treten.

Von da an verlagerte ich meine Aktivitäten mit Kira auf kulinarische Genüsse. Unsere Treffen fanden zwar zu abendlichen Zeiten statt, dauerten aber nicht bis in die frühen Morgenstunden.

An den Wochenenden unternahm ich ein paar Kurztrips. Im Juli 2007 flog ich von Freitag bis Sonntag nach Washington, D.C., wo eine Studienfreundin mit ihrem Mann lebte. Dort war es so heiß und schwül, dass ich die ganze Zeit Wasser trank und wir uns beim Sightseeing regelmäßig in Museen oder Shops retteten, um uns von den Klimaanlagen etwas runterkühlen zu lassen. Wir spazierten am Capitol, dem Weißen Haus, dem Lincoln Memorial, dem Roosevelt Memorial und etlichen anderen Gedenkstätten vorbei, schauten vom Washington Monument auf die Mall, gingen ins Smithsonian Museum, wo wir den berühmten Hope-Diamanten und viele andere beeindruckende Exponate sahen. Auf meinem Rückflug hatte ich das Gefühl, dass ich genug von der Stadt gesehen hatte, um sie mit einem dicken Haken zu versehen.

Im September 2007 unternahm ich meinen ersten Fallschirmsprung. Einer meiner Kollegen ging regelmäßig springen und überredete mich und zwei andere Kollegen es per Tandemsprung auszuprobieren. Nach der Arbeit fuhren wir zum Skydive Milwaukee. Wir erhielten eine einstündige Einweisung. Dann bekamen wir ein Gurtsystem, das um den Rumpf, die Arme und Beine gelegt wurde und ab ging es in ein Kleinflugzeug. Mein Sprungbegleiter schnallte mich quasi auf seinen Bauch. In 1.500 Meter Höhe wurde es ernst. Zuerst sprangen zwei einzelne Männer aus dem Flugzeug, dann folgten wir.

Wir rutschten zur Luke, ich hielt mich noch oben an der Öffnung fest und auf »drei« sprangen wir los. Der Wind presste mir die Luft aus den Lungen. Erst nach einem Schreckmoment schaffte ich es, gegen den Druck auszuatmen. Der freie Fall dauerte circa 50 Sekunden, aber es fühlte sich ewig an. Auf einmal riss uns der Schirm nach oben und wir wurden radikal abgebremst.

In den folgenden fünf Minuten glitten wir mit dem Schirm durch die Luft. Je näher wir der Erde kamen, desto wärmer und schwüler wurde es. Dazu drehte mein Tandempilot plötzlich immer kleinere Kreise, um die richtige Stelle zum Landen anzupeilen. Mir wurde übel, aber zum Glück berührten meine Füße kurz darauf den Boden. Nach einem kurzen Spaziergang und etwas Wasser fühlte ich mich wieder besser.

Direkt danach fantasierte ich von all den Orten, wo ich gerne weitere Tandemsprünge machen würde, um eine noch tollere Landschaft zu genießen. Von den Ausläufern der Rocky Mountains bis zum Grand Canyon war alles dabei. Doch nach ein paar Wochen Abstand war ich zufrieden mit meinem Sprung und betrachtete das Thema als erledigt. Umso mehr freute ich mich darüber, dass ich das Geld für ein Video und Fotos ausgegeben hatte, um mich später daran erinnern zu können.

Ein Wochenendausflug führte mich und eine Kollegin im März 2008 zum Snowboarden in die Rocky Mountains, ins Skigebiet Vail. Das Besondere hier war, dass alle Nordhänge von Pistenbullys unberührt blieben und nicht präpariert wurden. Vor uns lag fast unberührter Tiefschnee, aus dem ab und an ein Schild ragte.

Bei der ersten Abfahrt kostete es uns verdammt viel Überwindung einfach hinabzufahren. Wir sahen keine anderen Skifahrer, nur Spuren im Schnee. Aber wir trauten uns schließlich und wurden mit fantastisch weichem Schnee belohnt.

Die Pisten waren so anspruchsvoll, dass schwarze Abfahrten nochmals unterteilt wurden in ein bis drei Diamant. Drei Diamant stand für gefühlten freien Fall mit Buckeln, die unter einem Meter Tiefschnee versteckt lagen.

Unser Quartier befand sich in Leadville auf 3.094 Meter über dem Meeresspiegel. Wir steuerten es nach dem beendeten Tag auf der Piste an. In der Nacht bekam ich so massive Kopfschmerzen, dass ich mich mehrfach übergeben musste und am liebsten meinen Kopf gegen die Wand gerammt hätte, damit es endlich aufhörte. Die Mischung aus Höhenluft und viel zu wenig Wasser tagsüber bei kräftezehrendem Sport forderte ihren Tribut.

Somit war der zweite Tag für mich gestrichen. Meine Kollegin fuhr allein die schönen Hänge von Copper Mountain hinab, während ich mit einer Tasse schwarzem Tee und Schmerzmitteln im möglichst dunklen Teil des Restaurants am Fuße des Berges saß und versuchte flugtauglich zu werden. Denn abends ging es noch zurück nach Chicago. Zumindest das gelang mir und selbst der eine Tag in Vail war all die Kosten und die Anreise wert.

Ich bekam natürlich auch Besuch in den anderthalb Jahren in Chicago. Mit meiner Schwester unternahm ich einen Roadtrip, der uns zu den Niagarafällen und bis nach Toronto führte. Das Wetter war zwar mäßig, aber wir ließen uns davon nicht abschrecken.

Meine Cousine Selina, die ich in New York besucht hatte, kam vorbei, und sah sich teils alleine, teils mit mir Chicago an. Am Ende flogen wir noch gemeinsam für ein Wochenende nach New York City.

Bella, eine andere Cousine, überwand sogar ihre Flugangst und besuchte mich mit ihrem Freund. Ich fühlte mich geehrt. Schließlich dauerte der Flug nach Chicago mindestens acht Stunden, verdammt lang, wenn man Angst vorm Fliegen hat.

Meine Eltern kamen ebenfalls vorbei, nachdem mein Vater seine Abneigung gegen den langen Flug beiseitegeschoben hatte. Sie wurden mit einem wunderbaren Spätsommer belohnt, der Chicago von seiner besten Seite zeigte. In kurzen Hosen und T-Shirts besichtigten wir Ende September den Millennium Park und Evanston, eine Stadt nördlich von Chicago. Am Ende gefiel es meinem Vater so gut, dass er nach der Rückkehr meine Mutter lobte, was für eine tolle Idee es doch gewesen war und wie gut es ihm gefallen hatte.

Eine Freundin nutzte die Gelegenheit, Chicago kennenzulernen und wir besuchten ein Konzert der »Eels«, die zu ihren Lieblingsbands gehörte. Klein und lauschig fand es vor 200 Leuten in einem ehemaligen Theater in Downtown Chicago statt.

Allen Besuchern versuchte ich meine Lieblingsecken zu zeigen, von der Cocktailbar im 95. Stock des Hancock Tower mit phänomenalem Blick über die Stadt bis zum Lincoln Park Zoo, einem der zwei kostenlosen Zoos in den USA.

Bevor meine Zeit in Chicago endete, erhielt ich ein erneutes Angebot zu bleiben, mit entsprechendem Arbeitsvisum und sehr lukrativer Bezahlung. Ich überlegte für ein paar Wochen ernsthaft. Doch schlussendlich entschied ich mich dagegen. Ich war zu sehr Europäerin, außerdem lebten fast meine gesamte Familie und die meisten Freunde in Deutschland, auch die Anzahl der Urlaubstage gefiel mir in Deutschland wesentlich besser.

Zum Abschluss meiner anderthalb Jahre in den USA unternahm ich eine letzte große Reise. Ich flog nach Las Vegas, um dort meine Freundin Tessa zu treffen und auf eine Tour durch den Südwesten zu starten. Wir verbrachten die ersten zwei Tage in der bizarren Wüstenstadt mit ihren flimmernden Spielcasinos. Tagsüber wirkte alles sehr künstlich und sah nach Plastik und Pappmaché aus, erst nach Einbruch der Dunkelheit entfaltete die Kulisse ihren Charme.

Mit Verlassen der Stadt steuerten wir die Nationalparks des Südwestens an. Die meisten sind aus einer uralten Wüste entstanden, die über Millionen Jahre versteinerte und ganz unterschiedliche Formationen hervorbrachte. Es gab kleckerburgartige Säulen aus Sandstein im Bryce Canyon, Bögen aus Sandstein im Arches National Park, Sandsteinberge zum Erklimmen im Zion National Park, und mystisch schimmernde Canyons, durch die nur von oben Licht hereinfiel, wie im Antilope Canyon. Den Abschluss bildete der großartige Grand Canyon mit seinen tiefen Einkerbungen, die der Canyon River im Laufe der Zeit geschliffen hat.

Als die zwei Wochen endeten, ging es für mich über Chicago zurück nach Deutschland. Somit war ich rechtzeitig zurück für den Geburtstag meiner Oma Ende April, denn ich wusste, dass ich ihr damit eine große Freude bereitete.

In den anderthalb Jahren war viel passiert. Sie hatten mich nachhaltig geprägt, berührt und bewegt. Die vielen Kulturen, anderen Ideen und zahlreichen Reisen hatten mich weltoffener gemacht.

# Zurück in Deutschland

Obwohl ich es mir gut überlegt hatte, fiel mir die Rückkehr nach Deutschland 2008 schwer. Einerseits freute ich mich, meiner Familie und meinen Freunden wieder nah zu sein, andererseits hatte ich noch keine langfristige Perspektive.

Vorerst zog ich wieder bei meinen Eltern ein. Doch die Stille am Dresdner Stadtrand ertrug ich kaum. Die letzten 18 Monate hatte ich konstant leise Verkehr gehört, die Stimmen meiner Nachbarn oder ihren Fernseher durch die dünnen Wände. Daran hatte ich mich gewöhnt. Jetzt musste ich den Fernseher laufen lassen oder einen Podcast anstellen, sonst konnte ich nicht einschlafen.

Meine Eltern fragten mich ständig, wo ich hin wollte, mit wem ich mich traf und ob ich zum Essen zurück wäre. Ich wusste, dass sie es nicht böse meinten und Eltern nun mal so sind, dennoch nervte es mich immens.

Ich lernte einen Mann kennen, der zum weiteren Bekanntenkreis meiner Freundin Tessa gehörte. Wir trafen uns ein paar Mal zum Kaffeetrinken, Schwimmen und Spazieren. Er gefiel mir, lächelte viel, war sportlich und steckte gerade mitten in einem dualen Studium. Das Studium absolvierte er in Sachsen und sein Arbeitgeber für den praktischen Teil befand sich in Bayern. Bevor wir ein Paar wurden, erzählte ich ihm von der MS. Er hörte mir zu und versicherte mir, dass er immer zu mir halten würde. Ihn interessierte, ob ich im Moment Einschränkungen hatte.

Als ich das verneinte, war das Thema für ihn vorerst abgehakt. Gerade hatte er für ein paar Wochen Blockunterricht, sodass wir uns öfter sahen und er bald meine Eltern kennenlernte. Er brachte mit seiner Frohnatur eine gute Stimmung in meinen Alltag.

Bisher hatte ich keinen Job und das wurmte mich. Über meine Referenzen und Beziehungen hätte ich vermutlich eine Stelle bei Siemens-Medizintechnik im Großraum Nürnberg-Erlangen bekommen können. Aber momentan zog es mich in Großstädte, die mehr als eine Million Einwohner hatten. Meine Heimatstadt fand ich nach wie vor sehr schön, dennoch schien sie mir zu klein.

Und so konzentrierte ich mich auf meine Diplomarbeit und bereitete die Verteidigung vor. Parallel suchte ich nach Jobs in deutschsprachigen Großstädten. Mein Notebook stürzte mehrfach ab und ich bangte um die Arbeit der letzten anderthalb Jahre.

Ich hatte eine Heidenangst vor der Verteidigung, obwohl ich meine Arbeit detailliert und akkurat über einen langen Zeitraum ausgearbeitet hatte. Die eigentliche Präsentation und anschließende Fragerunde lief super und ich bestand mit einer sehr guten Note.

Dennoch rebellierte mein Verdauungssystem eine Woche lang. In dem Moment verstand ich es nicht. Aus heutiger Sicht ist mir klar, dass es einfach zu viel für mich war: Kein Job. Wenig Geld. Beim Arbeitsamt als arbeitslos melden. Und in Chicago hatte ich den angebotenen Vertrag abgelehnt.

Ich fuhr mit meiner Freundin Tessa für einen Tag nach Prag, verbrachte jedoch gefühlt deutlich mehr Zeit auf

Sanitäranlagen als beim Stadtbummel. Die Karlsbrücke, die astronomische Uhr und die vielen tollen Jugendstilgebäude konnte ich nur mit Magenkrämpfen bewundern. Trotzdem war ich ihr sehr dankbar, dass sie mich von dem großen Fragezeichen meiner Zukunft ablenkte. Kurz darauf flogen wir für ein paar Tage nach Venedig, schleckten leckeres Eis, tranken guten Kaffee und hielten den morbiden Charme der Stadt bei Tag und Nacht auf Fotos fest.

Nach Venedig begannen die Bewerbungsgespräche. Endlich ging es voran.

Zwei sehr interessante Jobangebote gab es in Wien und Berlin. Wien reizte mich als Stadt. In Berlin lebte meine Schwester. Bei beiden Stellen ging es um Marketing für technisch anspruchsvolle Produkte im B2B-Bereich (B2B = Business to Business), ähnlich meiner bisherigen Erfahrung bei Siemens. Das bedeutete, unsere Kunden waren Firmen und keine Endkunden.

Die Zusage aus Wien kam zuerst. In Berlin ließ man sich noch Zeit. Da ich mich entscheiden musste, sagte ich in Wien zu. Also flog ich im November mit Gepäck per Propellermaschine in die österreichische Hauptstadt. Eine Art Zeitreise zurück zum Fliegen von früher – laut und langsam.

Ich wurde als Produktmanagerin für Osteuropa einge-stellt. Perfektes Englisch galt als Grundvoraussetzung für den Job, um mit den Kunden kommunizieren zu können. Da ich bisher noch nicht im Produktmanagement tätig gewesen war, wollte ich eingearbeitet werden. Beim Unterzeichnen des Vertrages wurde mir das zugesagt. Mein

Gehalt hatte eine prozentual große leistungsorientierte Komponente und die wollte ich mir natürlich erarbeiten. Doch es kam anders.

In den ersten beiden Wochen sagten mir mein Chef und Kollegen sieben Meetings ab. Niemand nahm sich Zeit mir irgendetwas zu erklären. Einen Teil fand ich selbst heraus, aber diese Art des Umgangs missfiel mir.

Auch die Stadt selbst empfing mich recht barsch. Bei der Wohnungssuche stellte ich fest, dass es für mein Budget nur Wohnungen aus der Nachkriegszeit gab, ohne Charme und oft stark renovierungsbedürftig.

Am dritten Tag geriet ich beim Lokalderby der großen Fußballclubs zwischen die Fronten der radikalen Fußball-fans und der vollvermummten Polizei. Zum Glück passierte nichts und ich konnte die Gefahrenzone schnell verlassen.

Ich nutzte mehrfach die öffentlichen Verkehrsmittel, in denen es oft nach Urin stank. Und viele Wiener mochten Deutsche offenbar nicht. Wenn sie meine Aussprache ver-nahmen, verschwand bei manchen das zuvor gezeigte freundliche Lächeln. Da ich lange im Büro war, kam ich erst gegen 19 Uhr von Arbeit los. Alle Supermärkte im Außenbezirk hatten zu und im Restaurant war bereits Küchenschluss. Dort erhielt ich also auch kein Essen mehr. Hunger macht mich sehr unleidlich und ich war es über-haupt nicht gewohnt, in einer Großstadt derartige Probleme zu haben, an etwas Essbares zu kommen.

In dieser Stimmung trudelte die Zusage für Berlin ein. Ich kannte die Stadt, schließlich lebten meine Schwester und meine Oma dort, und es wäre nicht weit von Dresden und Riesa, dem Studienort meines Freundes entfernt. Mein

Bauchgefühl sprach sich ganz klar für einen Neustart in Berlin und den Abbruch in Wien aus. Und ich folgte meiner Intuition. Ich ließ mir den Arbeitsvertrag zuschicken und sendete ihn unterschrieben zurück.

Als ich aus Berlin die Bestätigung erhielt, dass alles einwandfrei war, druckte ich am nächsten Morgen meine Kündigung aus – zum Glück erlaubte mir der Vertrag in den ersten zwei Wochen ein sofortiges Beenden des Arbeitsverhältnisses. Ich fuhr zu meiner Interimswohnung, packte meine Sachen und saß bereits nachmittags im Zug nach Dresden.

Am Donnerstag derselben Woche begann ich den neuen Job in Berlin. Meine Schwester freute sich, mein Freund ebenfalls. Andere Familienmitglieder waren irritiert über mein Vorgehen und sorgten sich, ob ich im neuen Job die Probezeit bestehen würde.

# Ein neuer Schub

84

Die Turbulenzen aus Jobbeginn in Wien, Kündigung und Neustart in Berlin, plus die Bedenken und die Kritik seitens meiner Familie stressten mich sehr. Hinzukamen winterliche Temperaturen von -15 Grad, bei denen die Berliner S-Bahnen oft ausfielen und ich in der Kälte für eine halbe Stunde oder länger am Gleis wartete und fror. In der Bahn niesten und husteten die Fahrgäste um die Wette. Viele Kollegen schleppten sich krank zur Arbeit.

Mehrfach erkältete ich mich, traute mich aber nicht, krank zu Hause zu bleiben. Schließlich befand ich mich in der Probezeit. Und so schleppte ich mich zur Arbeit, wurde zum Stammgast in der Apotheke und schluckte alle möglichen Tabletten, um mich arbeitsfähig zu halten.

Am Freitag, den 19. Dezember 2008, wachte ich morgens mit einem tauben rechten Arm auf. Erst dachte ich, dass ich blöd gelegen hatte. Doch es wurde nicht besser, auch nicht nach zwei Stunden. Meinen letzten Arbeitstag vor dem Weihnachtsurlaub verbrachte ich sehr angespannt im Büro. Das taube Gefühl breitete sich aus und zog sich über den gesamten oberen rechten Quadranten meines Rumpfes. Von der Schulter bis zu den unteren Rippen, auf der Vorder- und Rückseite und von der Mitte bis in die Fingerspitzen fühlte sich alles wattig an. Ich googelte mit meinem Handy und wurde fündig: Ein typisches Symptom bei MS sind Missempfindungen.

Wenn das Gefühl für mehr als 24 Stunden anhielt, hatte ich wohl einen neuen Schub. Ich testete mehrfach meinen Arm durch Zwicken, stellte aber keine Besserung fest. Am Abend konnte ich nur schlecht einschlafen. Ich beschloss, wie geplant nach Dresden zu fahren, um dort Weihnachten zu verbringen. Hier in Berlin wollte ich mir nicht noch einen neuen Neurologen suchen. Da meine behandelnde Ärztin bereits im Weihnachtsurlaub war, würde ich wohl in die Uniklinik fahren müssen. Auf der Autofahrt plante ich mein weiteres Vorgehen.

Ich weihte nur meinen Freund und meine Cousine Bella ein, die Medizin studierte. Bella erklärte mir, dass ich auf der neurologischen Station der Uniklinik anrufen musste und meine Diagnose sowie die bisherige Historie inklusive dem aktuellen Symptom nennen sollte. Ich hoffte inständig, dass ich um eine intravenöse Cortisonbehandlung herum kommen würde. Mein Freund sprach mir Mut zu, dass bestimmt alles gut werden würde.

Mittlerweile gab es ein eigenes MS-Zentrum an der Dresdner Uniklinik, an das ich direkt verwiesen wurde. Dort fuhr ich hin. Ich traf auf einen tollen Oberarzt, der eine wunderbar positive Ausstrahlung hatte. Er empfahl mir, auf Cortison zu verzichten, da ein Schub mit »nur Taubheitsgefühl« zu den weniger schlimmen Schüben zählte. Dafür lohne es sich nicht, die Nebenwirkungen der Cortisonbehandlung in Kauf zu nehmen. Ich sollte aber möglichst bald mit einer Basistherapie beginnen. Denn man wusste mittlerweile, dass die MS auch wütete, wenn man äußerlich nichts spürte.

Der Oberarzt stellte mir die drei in Frage kommenden Medikamente mit ihren Vor- und Nachteilen vor und empfahl mir Copaxone*, ein immunmodulierendes Medikament, das täglich gespritzt werden musste. Mein Körper würde ungefähr drei Monate brauchen, um sich voll auf das Medikament einzustellen. Danach sollte es mir konstant gegen die MS helfen. In welchem Ausmaß konnte mir niemand garantieren, nur, dass es mir unter dem Medikament mit sehr hoher Wahrscheinlichkeit deutlich besser gehen würde als ohne.

Ich hasste Spritzen und hatte schon immer große Angst vor ihnen gehabt. Aber die Aussicht auf ein Leben ohne Einschränkungen war es mir wert, jeden Tag aufs Neue meine Abneigung zu überwinden. Und so folgte ich seinem Vorschlag und begann Ende Januar mit dem Spritzen von Copaxone.


Mittlerweile weiß man, dass nur circa ein Zehntel der Läsionen im Kopf anfangs Schübe verursacht. In der Vergangenheit wurde dieser scheinbare Stillstand fälschlicherweise als ein Ruhen der Krankheit angesehen. Oft schreitet die MS im Verborgenen fort und Läsionen, die zunächst ohne Schub vonstattengehen, können Monate oder Jahre später zu Einschränkungen führen. Daher hat sich der Behandlungsansatz bei Multipler Sklerose in den letzten Jahren drastisch geändert. Die klare Empfehlung lautet nun, schon nach dem ersten Schub mit einer Basistherapie zu beginnen. Damit soll die Menge an Schüben und deren Auswirkungen so gering wie möglich gehalten und ein besserer Verlauf erreicht werden.

# Start der Basistherapie

Im Kopf zu wissen, dass es mir hilft, hieß leider nicht, dass mir das Spritzen leicht fiel. Im Januar 2009 startete ich die Basistherapie. Gerade in den ersten Wochen saß ich bis zu einer halben Stunde im Bett und schaffte es nicht ›abzudrücken‹. Dabei musste ich mir die Spritze nicht einmal von Hand verabreichen. Ich spannte sie in den Injektor, eine Injektionshilfe, ein, legte die Einstichtiefe fest und dann musste ich nur auf den Knopf drücken, schon wurde die Spritze mit ihrer Nadel gemäß meiner Auswahl 10, 11 oder 12 mm in meine Haut geschossen, mittels einer Feder wurde der Inhalt langsam herausgedrückt. Das schnelle Einstechen und langsame Auslassen des Wirkstoffes sollte den Vorgang so angenehm wie möglich machen.

Ich verlegte das Spritzen auf abends, um einen Teil der unangenehmen Phase nach dem Spritzen zu verschlafen. Zusätzlich nahm ich mir ein Kühlkissen mit ins Bett, denn anfangs wurden die Stellen heiß und schmerzten. Ich dachte an schöne Reiseziele, die ich dank der Therapie ohne Einschränkungen besichtigen würde, und meinen geliebten Sport, den ich weiterhin ausüben konnte. Trotzdem blieb das Auslösen des Injektors eine hohe Hürde.

Ich saß da, zählte bis zehn, wollte abdrücken und schaffte es nicht. Ich nahm mir vor, am Ende eines Liedes abzudrücken. Bis zu dem Moment war ich mir sicher, es zu schaffen. Und dann doch wieder nicht. Oder ich versprach mir selbst kleine Belohnungen. Wenn ich es geschafft hatte, dann konnte ich endlich schlafen, noch ein Kapitel vom Hörbuch hören, was auch immer. In den ersten Wochen blieb es schwer. Trotz der Schwierigkeiten mit dem Spritzen dachte ich zu keinem Zeitpunkt über einen Abbruch der Therapie nach.

Anfangs reagierte mein Körper recht heftig auf den Wirkstoff. An Beinen, Bauch und Po hatte ich dicke Knubbel. Meine Makrophagen* stürzten sich auf den Wirkstoff und verstoffwechselten ihn mit großer Dramatik. Das war einerseits gut, weil es mir zeigte, dass ich mich nicht umsonst spritzte und wirklich eine Reaktion stattfand. Andererseits mied ich für lange Zeit das Schwimmbad und trug keine kurzen Kleider, Röcke oder Hosen mehr. Denn neben den Beulen blieben oft blaue Flecke zurück, die entstanden, wenn ich aus Versehen ein Blutgefäß traf.

Und dann waren da noch die Flushs*. Die genaue Ursache ist noch ungeklärt, sie gehören aber zu den häufigsten Nebenwirkungen bei Copaxone. Bei einem Flush raste mein Herz, meine Atmung wurde schneller, mein Kopf knallrot und ich musste mich stark konzentrieren, um ruhig zu bleiben und nicht in Panik zu verfallen. Bei der Medikamenteneinweisung hatte mir der MS-Krankenpfleger von allen Nebenwirkungen berichtet, auch von den Flushs und dass sie nicht gefährlich waren.

Ich versuchte mich auf meinen Atem zu konzentrieren, legte mich hin und schloss die Augen. Nach spätestens 20 Minuten war das Ganze vorbei.

In den ersten Wochen blieb das Spritzen ein Kampf. Manchmal saß ich da und heulte, weil ich nicht abdrücken wollte und mir selbst leidtat. Doch mit der Zeit wurde es besser. Mein Körper gewöhnte sich an den Wirkstoff und reagierte weniger stark. Die Beulen wurden kleiner, das Brennen ließ nach und ich wurde routinierter. Nach circa drei Monaten war ich in einem guten Rhythmus.

Nun hatte das Medikament einen guten Basisschutz aufgebaut und mein Körper sich daran gewöhnt. Wenn es wirklich mal ein besonders stressiger Tag war und ich keine Willenskraft hatte oder mein Geburtstag war, dann gönnte ich mir einen spritzenfreien Tag. Da es wirklich nur Ausnahmen waren, war dies unbedenklich für meinen Therapieerfolg.

Es war eine nervenaufreibende Zeit. Ich befand mich immer noch in der Probezeit und brauchte eine Weile, bis ich eine Wohnung in Berlin ergatterte. Solange wohnte ich bei meiner Schwester. Ich verheimlichte das Spritzen vor ihr, da ich nicht wollte, dass sie sich Sorgen machte und diese Sorgen meine eigenen noch verstärkten.

Die Anspannung blieb, obwohl ich mich gut einarbeitete und mich mit meinen Kollegen und meinem Chef verstand. Nach sechs Monaten war klar, dass ich übernommen wurde und ich atmete durch.

Mit der bestandenen Probezeit und dem Frühlingsbeginn entspannten sich langsam mein Kopf und mein Körper. Das Spritzen wurde einfacher und routinierter. Zum Glück. Schließlich würde es auf unbegrenzte Zeit meine Therapie gegen die MS bleiben.

Die ersten Jahre spritzte ich mich in den Bauch, die Oberschenkel und den Po. Später ließ ich den Bauch weg, weil es mich hier am meisten Überwindung kostete. Ich wusste, dass meine Haut dick war und ich nicht die Organe anstach, aber das sachliche Wissen und die Angst gingen eben manchmal auseinander. Und bei Po und Oberschenkeln lagen unter der Haut wenigstens nur Muskeln und Gefäße, sagte ich mir. Die taten manchmal weh genug. Aber ich hatte keine Bedenken, ein Organ zu treffen.

# Urlaub in Australien

Natürlich reiste ich auch weiter in meiner Freizeit. Australien stand schon lange auf meiner Wunschliste der Urlaubsziele.

Nach überstandener Probezeit begann ich mit der Planung. Dreieinhalb Wochen standen mir und meinem Kumpel Karl zur Verfügung. Ich war froh, dass er mitkam und bei der Reiseplanung half. Denn ich tappte in die Falle, ließ mir den ganzen Kontinent auf dem Bildschirm anzeigen und plante dann die Routen. Dass es sich jedoch um viele tausend Kilometer pro Tour handelte, ignorierte ich dabei. Karl kannte sich mit den Entfernungen in Australien besser aus, weil er schon einmal da gewesen war. Schlussendlich musste unter anderem das Outback mit dem Uluru leider von der Liste weichen, was vielleicht auch gut so war. Schließlich sollen die Temperaturen im Landesinneren besonders hoch sein.

Im September 2009 ging es los. Von Frankfurt flogen wir nach Bangkok, wo wir acht Stunden Aufenthalt hatten. Zeit genug, um in die Innenstadt zu fahren und uns den großen Palast und einen Teil des Wat Phra Kaeo anzuschauen. Mir gefielen besonders die Riesenwächter vom Tempel, obwohl ihre maskenartigen Gesichter in mir widersprüchliche Gefühle hervorriefen. Ich wusste nicht, ob ich über die Fratzen lachen oder mich vor ihnen gruseln sollte.

Meine Spritzen hatte ich in der Kühltasche dabei und viele Beutel mit Eiswürfeln. Die waren auch dringend nötig, denn es war heiß und schwül. Ich fühlte mich erdrückt von der hohen Luftfeuchtigkeit. Das Gold der Tempelanlage glänzte so hell in der Sonne, dass es in den Augen schmerzte. Ich kaufte mindestens drei Flaschen Wasser, die ich gefühlt gleich wieder ausschwitzte und war wahrlich froh, als wir wieder im gekühlten Terminal ankamen.

Weiter ging es nach Sydney. Der Flug dauerte noch einmal neuneinhalb Stunden und wir schliefen kaum. Bei unserer Ankunft waren wir seit knapp 40 Stunden unterwegs. Auf dem Weg nach Bondi Beach, einem Stadtteil Sydneys, wo unser gemeinsamer Freund aus Dresden seit drei Jahren wohnte, kam mein Handy weg. Ob ich es verlor oder bestohlen wurde, weiß ich bis heute nicht.

Das Baden im Ozean am berühmten Bondi Beach entschädigte mich etwas und half mir auch, für weitere Stunden wach zu bleiben. Als wir dann endlich im Hotel ankamen, konnte ich das Copaxone in der Minibar verstauen. Zum Spritzen war ich zu müde und beschloss, die Einnahme ausfallen zu lassen.

Wir schliefen mehr als zwölf Stunden und verpassten den roten Sandsturm am 23. September 2009, der den Verkehr zum Erliegen brachte und spektakuläre Fotos ermöglicht hätte. Pech gehabt.

Dafür fühlte ich mich besser und konnte mich auch wieder spritzen.

Vor dem Urlaub hatte ich extra den Zeitpunkt fürs Spritzen langsam, aber stetig verschoben, damit es zu

Australien passte und ich nicht mitten in der Nacht aufstehen musste. Nun war jeden Morgen um 10 Uhr Zeit für Copaxone.

Die Tage in der entspannten Metropole Sydney vergingen schnell. Wir machten eine Hafenrundfahrt, besuchten den Zoo und spazierten durch den botanischen Garten. Abends fuhren wir oft bei unserem Freund vorbei, aßen gemeinsam, schwatzten und lachten viel über vergangene Zeiten und neue Erlebnisse, wie die Possums in seinem Garten, die Essen vom Grill stahlen.

Nach vier Tagen flogen wir nach Adelaide, wo es einige Grad kühler war. Herrlich. Hier nahmen wir unseren ersten Camper in Empfang und meine Spritzen wanderten in den Kühlschrank der eingebauten Miniküche.

Ab ging es nach Kangaroo Island, eine Insel, zu der wir mit der Fähre übersetzten. Wir sahen im Gras liegende Kängurus, in Bäumen schlafende Koalas und sich faul am Strand aalende Seelöwen. Und natürlich fuhren wir zu den Remarkable Rocks und schossen ein paar Fotos.

Zurück auf dem Festland ging es über die Great Ocean Road nach Melbourne. Unterwegs sahen wir eindrucksvolle Felsformationen im Meer, wie die Twelve Apostels und die London Arch. Die Temperaturen waren sommerlich warm, ab und an wehte eine kühle Brise. Genau mein Wetter.

In Melbourne vertrieben wir uns die Zeit mit etwas Sightseeing und Kultur. Wir besichtigten die Flinder Street Station und das Melbourne Museum und ließen die Southbank auf uns wirken.

Den Camper gaben wir ab, denn wir flogen nun an die Ostküste, nach Mackay in Queensland. Dort war es furchtbar heiß. Wir nahmen unseren neuen Camper entgegen und ich war froh, als meine Spritzen sicher im Kühlschrank lagen.

Wir unternahmen einen Tagesausflug mit Segelschiff nach Whitsunday Island. Obwohl ich begeistert war vom Strand, denn noch nie in meinem Leben hatte ich so feinen, weißen Sand gesehen, bescherten mir die Sandfliegen zwei zermürbende Nächte. Ihre Stiche hinterließen juckende Stellen wie die von Mücken, doch waren sie viel aggressiver. Ich zählte mindestens 20 Stiche an jedem Arm und Bein und konnte nur mit feuchten Handtüchern umwickelt etwas schlafen.

Ein zweiter Ausflug brachte uns zum Hardy Reef, einem Teil des Great Barrier Reef, wo ich einen Tauchgang auf 13 Meter Tiefe machte. Ich sah orange, gelbe und blaue Fische, manche waren groß und schwammen alleine, andere bevorzugten den Schutz im Schwarm. Hart- und Weichkorallen standen beieinander und wirkten intakt. Beim Anblick dieser fantastischen Unterwasserwelt wurde mein Körper von Glückshormonen durchflutet.

Wir fuhren ein Stück ins Landesinnere zum Eungella Nationalpark. In der Dämmerung sahen wir zwei Schnabeltiere, die durch den Fluss schwammen und versuchten, ihr Abendmahl zu fangen. Ich war begeistert, diese ungewöhnlichen Tiere in freier Wildbahn zu erleben.

Der nächste Höhepunkt war Fraser Island. Die größte Sandinsel der Welt konnte nur mit besonders geländetauglichen Bussen und Jeeps befahren werden. Wir überließen das Profis und buchten eine geführte Tour. So konnten wir entspannt die Natur beobachten. Auf der Insel gibt es noch reinrassige Dingos, deren Gene nicht mit Hunden vermischt sind. Wir sahen aber nur einen. Außerdem führte unsere Tour an der S.S. Maheno vorbei, dem Schiffswrack eines Luxusliners von 1935, das fotogen am Strand lag und vor sich hin rostete.

In Brisbane schlenderten wir am Brisbane River entlang, besichtigten die State Library of Queensland und genossen die Blumen und Pflanzenvielfalt im Brisbane City Botanic Gardens, bevor wir unseren Rückflug antraten.

Die Heimreise ging wieder über Bangkok. Allerdings genehmigten wir uns diesmal eine mehrstündige Massage. Ich wählte ein Ganzkörperprogramm aus, mit extralanger Massage von Kopf, Nacken und Fußreflexzonen. Es war meine erste Thaimassage und ich war überrascht, wie intensiv mich die kleine Frau durchwalkte. Als sie mir für einen kurzen Moment die Schlagader im Oberschenkel abdrückte und anschließend das Blut durchschoss, war ich froh, keine Figur in einem Krimi zu sein. Denn vermutlich kannte sie mehr als eine Möglichkeit jemanden mit einem gekonnten Handgriff auszuschalten. Am Ende der Behandlung war ich absolut entspannt und zufrieden.

Die letzte Spritze nahm ich noch am Flughafen. Diese Reise war wirklich toll. Klar hatte mich die Hitze gestresst, aber die gewonnenen Eindrücke waren es absolut wert gewesen. Und ich hatte alles ohne Schub überstanden.

# Mit Spritzen auf Dienstreise

Auf Arbeit lief es gut. Ich erstellte zum einen neue Werbematerialien in englischer Sprache, wie Broschüren, Poster und Anzeigen, die anschließend oft noch in die jeweilige Landessprache vor Ort übersetzt wurden, von Japanisch über Spanisch bis zu Mandarin. Zum anderen organisierte ich die weltweit stattfindenden Messen, wobei mich oft Kolleginnen und Kollegen in den jeweiligen Ländern unterstützten, denn nicht jeder chinesische Messebauer versteht Englisch. Da die Branche sehr stark auf Asien fokussiert war, gab es dort die meisten Messen. Viel erledigte ich von Berlin aus, aber ab und an flog ich zu einer Messe nach Japan, Korea, China oder Malaysia, sei es um die Kommunikation mit den Kolleginnen und Kollegen vor Ort zu verbessern, ihnen die Firmenstrategie näher zu bringen oder persönlich über Marketingthemen zu sprechen.

Fast immer saßen noch andere Kollegen im gleichen Flugzeug und ich wollte wirklich nicht, dass jemand von meiner Krankheit erfuhr. In meiner Firma herrschte ein leistungsorientiertes Klima. Es gab kaum Frauen in Führungspositionen. Gerade mal eine der Managerinnen hatte Kinder. Ich hatte daher Bedenken, was sie von einer Frau mit chronischer Krankheit* halten würden. Und so war ich beim Check-in stets sehr angespannt. Denn die Spritzen musste ich immer im Handgepäck transportieren, da der Wirkstoff keine starken Temperaturschwankungen aushielt.

In meinem Portmonee steckte eine Karte, die mir in verschiedensten Sprachen bestätigte, dass die Spritzen medizinisch notwendige Medikamente waren. Die meisten Sicherheitsbeamten fragten nicht nach. Doch auf meiner ersten Dienstreise nach Seoul, im April 2010, geriet ich an eine überkorrekte Kontrollbeamtin. Leider stand ein Kollege zwei Plätze hinter mir in der Schlange. Ich erklärte der Sicherheitskraft, dass es sich um Medikamente handelte und zeigte ihr meinen Medikamentenpass. Das reichte der Dame jedoch nicht und sie verlangte von mir, meine Spritzen herauszuholen, damit sie sie genauer untersuchen konnte.

Ich weigerte mich, dieser Forderung nachzugehen und diskutierte möglichst leise und unauffällig bis ein anderer Herr vom Sicherheitspersonal intervenierte und mich durchwinkte. Auch wenn mein Kollege nichts mitbekommen hatte, war ich seitdem bei allen Dienstreisen doppelt angespannt.

Neben den Spritzen existierte noch ein zweites Problem. Auf Dienstreisen wurde abends viel Alkohol getrunken, egal ob man mit Kunden oder nur im Kollegenkreis unterwegs war. Ich blieb bei meiner Entscheidung, keinen Alkohol zu trinken, um nicht unnötig Gehirnzellen zu gefährden. Schließlich wollte ich das Zerstörungswerk der MS nicht zusätzlich unterstützen. Diese Verweigerung gegenüber dem Alkohol bescherte mir in den ersten Jahren auf jeder Dienstreise, an jedem einzelnen Abend Diskussionen. Mein Umfeld ertrug es nicht, dass ich nüchtern blieb, obwohl ich sie in ihrem angetrunkenen Zustand beschwerdefrei akzeptierte. Manch höherer Manager versuchte mir zu befehlen, dass ich mit ihm anzustoßen hatte. Ein paar Mal wahrte ich den Schein, stieß mit an und reichte den Alkohol anschließend weiter, ohne davon zu trinken. Bei Kollegen auf gleicher Ebene wurde ich manchmal unfreundlich, wenn sie mich zu sehr zum Alkohol drängten.

Es war bemerkenswert zu erleben, wie schwer es den meisten Menschen fiel, eine nüchterne Person in ihrem Umfeld zu akzeptieren. Ich blieb fast immer bei Wasser, Saft und Tee. Die wenigen Male im Jahr, die ich Alkohol trank, fanden in entspannter Atmosphäre im privaten Bereich statt, weil ich es mochte. Und dann war es immer nur ein Glas oder ein halbes. Denn meist spürte ich unter Alkohol alte MS-Symptome bewusster. Dann kribbelte die Hand oder ich sah schlechter. Das Uhthoff-Phänomen* ließ grüßen und mir verging das Interesse an mehr Alkohol automatisch. Denn sobald ich die alten Symptome spürte, wurde ich daran erinnert, dass es besser war, gesund zu leben, und meinen Körper so gut es ging zu schützen.

# Erste Erfolge der Basistherapie

Im Vergleich zum MRT von 2004 zeigte das MRT von 2009 zwei neue Entzündungsherde, ein bestehender Herd hatte sich vergrößert. Ich merkte damals kaum etwas und hielt mich für gesund. Rückblickend hatte ich gewiss mit dem Ermüdungssyndrom (Fatigue*) Probleme.

Das nächste MRT im Dezember 2010 sollte nachweisen, wie gut die Basistherapie bei mir anschlug, die ich seit einem Jahr anwendete. Der Befund fiel gut aus. Meine MS schien dank der Therapie mit Copaxone zu schlafen. Es waren weder neue Entzündungsherde hinzugekommen noch waren die bestehenden gewachsen. Das waren tolle Neuigkeiten. Das Spritzen lohnte sich und half mir im Kampf gegen die Multiple Sklerose.

Von nun an stand alle zwei Jahre ein Schädel-MRT an, um den Stand meiner MS und den Therapieerfolg zu überprüfen. Dabei wurde geschaut, ob neue Läsionen auftraten und alte noch aktiv oder inaktiv waren. Erfreulicherweise zeigten die MRTs auch im Juli 2012 und im Dezember 2014, dass die Erkrankung ruhte und die sogenannte Läsionslast* stabil war. Meine neurologische Reserve* wurde also geschont und ich hoffte darauf, dass sie für mein Leben ausreichen würde und die wenigen auftretenden Schübe voll kompensieren konnte, wenn es so gut weiterging. Das wäre großartig. Die positiven Ergebnisse entspannten mich und halfen mir dabei weiter, einen guten Weg mit der MS zu finden. Dennoch blieb ich dabei, es niemand Neuem zu verraten.

Einmal am Tag musste ich an die MS denken, wenn ich mich spritzte. Mein Körper reagierte aber nur noch selten intensiv auf Copaxone. Alle paar Monate hatte ich einen Flush mit Herzrasen und hochrotem Kopf, aber dieser ging nach 10 bis 20 Minuten vorüber. Ein paar Verhärtungen in den Oberschenkeln und im Gesäß blieben für längere Zeit. Und wenn ich aus Versehen in eine dieser Verhärtungen spritzte, gelangte der Wirkstoff nicht in das subkutane* Gewebe, sondern versuchte sich im Fett- und Bindegewebe zu verteilen. Dann bildeten sich entweder dicke Quaddeln, da die Makrophagen nur schlecht durch das Bindegewebe kamen und es regelrecht aufstemmten, oder der Inhalt der Spritze sprühte durch den Raum, wenn ich den Injektor abnahm. Letzteres ärgerte mich besonders, weil trotz der gesetzten und gefühlten Spritze mein Körper keine schützende Dosis erhalten hatte. Die ersten drei Mal, die es passierte, holte ich eine neue Spritze. Doch nachdem das Spritzen oft auch beim zweiten Mal misslang, ließ ich es bleiben und die Dosis fiel an diesen Tagen aus. Denn das Problem war meist meine innere Anspannung. Und die wenigen Male, die ich so angespannt war, konnte ich den Zustand nicht innerhalb von ein paar Minuten auflösen. Das brauchte mehr Zeit. Je besser ich ein Gefühl für mich und meinen Körper entwickelte, desto seltener passierte es. Zum einen war ich nur noch selten extrem angespannt und zum anderen verschob ich das Spritzen in so einem Moment auf später, wenn ich wieder gelöst war.

Ich vermied weiterhin kurze Röcke, Kleider und Hosen oder trug farbenfrohe Strumpfhosen dazu. Zum einen wollte ich keinen Sonnenbrand auf den Einspritzstellen riskieren und zum anderen nicht meine blauen Flecken oder Beulen zeigen. Denn oft blieben die Male zwei Wochen, bis sie verschwanden.

Bei meinem Neurologen fragte ich regelmäßig nach neuen Medikamenten, da ich hoffte, irgendwann eine Alternative zum Spritzen zu erhalten. Seine Empfehlung blieb jedoch Copaxone für mich. Schließlich waren meine MRTs stabil, was den Erfolg der Therapie zeigte und längst nicht bei allen Patienten der Fall war.

Doch im Juli 2015 hatte er eine erfreuliche Botschaft für mich. Eine neue Dosierung von Copaxone wurde zugelassen. Statt 20 mg täglich gab es nun 40 mg, die man nur dreimal wöchentlich spritzen musste. Das bedeutete für mich Montag, Mittwoch und Freitag spritzen, doch dienstags, donnerstags und am Wochenende hatte ich frei. Was für eine Erleichterung. Meiner Haut tat das auch gut. Denn nun bekam sie längere Regenerationsphasen. Besonders am Anfang genoss ich es sehr vier Tage nicht spritzen zu müssen.


Und es gab noch einen zweiten Grund, warum ich bei Copaxone blieb. Man konnte darunter völlig bedenkenlos schwanger werden. Nach dem ersten Trimester der Schwangerschaft wurde es zwar meist abgesetzt, aber ein paar

Patientinnen nahmen es sogar die kompletten neun Monate durch. Es war also eine gute Option, da mein Kinderwunsch zunehmend größer wurde. Das Medikament war lange genug im Einsatz, um das Risiko abschätzen zu können. Beim Umstieg auf ein anderes Medikament hätte erst der Schutz einsetzen müssen und nicht alle waren dazu geeignet, darunter schwanger werden zu können. Also blieb ich bei Copaxone, getreu dem Motto von Alf Ramsey: »Never change a winning team.«

# III. Januar 2011 bis Dezember 2018

# Meine große Liebe

Seit Januar 2011 spielte ich Badminton in einer Betriebssportgruppe. Einmal in der Woche mieteten wir vier Felder an, auf denen wir als Doppel oder Einzel gegeneinander antraten. Es machte großen Spaß und ich konnte mir zum einen beweisen, dass ich nach wie vor fit und reaktionsschnell war und außerdem Kollegen über meinen Bereich hinaus kennenlernen und mit ihnen eine vergnügliche Zeit verbringen.

Im Sommer 2011 kamen zwei neue Kollegen zur Gruppe dazu. Einer davon gefiel mir sofort. Er war groß, spielte sehr gut, zeigte Ehrgeiz und ich mochte seinen Humor. Wir spielten öfter miteinander und gegeneinander. Wenn weniger starke Spieler auf dem Platz standen, nahm er sich zurück und passte sich ihrem Können an. So blieb das Spiel für alle motivierend. Das war mir sehr sympathisch.

Beim Weihnachtsturnier traten wir als gemischtes Doppel an. Obwohl wir vor dem Finale schon rausflogen, lachten wir viel. Ich hatte mich längst in diesen Mann verliebt, wollte es mir aber nicht eingestehen. Schließlich war ich noch liiert und er einer meiner Kollegen, auch wenn wir in unterschiedlichen Abteilungen arbeiteten. Ich konnte und durfte mich doch nicht in jemand anderen verlieben. Aber solche Verbote waren meinem Herzen egal. Mein Freund sah gut aus und war zuverlässig, wir fuhren zusammen Mountainbike und meine Familie mochte ihn. Er wusste von der MS und würde mich gewiss nicht verlassen, wenn sich mein Zustand eines Tages verschlechtern sollte. Ich konnte mir allerdings nicht vorstellen, dass er mir in so einer Situation Kraft und Zuversicht schenken würde, da ich bisher immer die emotional Starke in unserer Beziehung gewesen war. Was würde passieren, wenn ich mal Zuspruch und Rückhalt brauchte? Vielleicht war diese Unsicherheit einer der Gründe, warum ich mich in einen anderen Mann verliebte.

Ohne dass irgendetwas zwischen uns passiert war, hatte ich den neuen Mann über mehrere Monate hinweg kennengelernt, beim Badminton, Squash und Tischtennis spielen. Wir hatten uns nebenbei über Politik, Kultur und Filme unterhalten. Ich erfuhr von seiner verstorbenen Katze, die an Epilepsie erkrankt war und wie er sie liebevoll gepflegt, aber leider nicht hatte retten können. Er erzählte von seiner Zeit in Oxford, wo er für zweieinhalb Jahre an einem College gearbeitet hatte. Ein Teil seiner Erfahrungen im Ausland deckte sich mit meinen aus der Zeit in Chicago. Er war weltoffen und tolerant und wusste, dass es nicht nur Schwarz und Weiß gab, sondern unglaublich viele Graustufen.

Zur Weihnachtszeit war mir klar, dass ich meine bisherige Beziehung beenden musste. Egal, ob ich gerade nur durch eine rosarote Brille sah oder nicht, ich wollte so intensiv lieben und mich so gut austauschen können. Also trennte ich mich von meinem Freund, überließ ihm die gemeinsame Wohnung und zog schon bald in eine eigene Bleibe um.

Nun musste ich aber noch mit dem neuen Mann sprechen. Ich hatte plötzlich Angst. Was, wenn ich mich getäuscht hatte? Wenn die Gefühle nur von meiner Seite so stark waren? Doch zum Glück war er genauso verliebt in mich wie ich in ihn.

Über Silvester fuhren wir gemeinsam nach Rom, wo wir das Jahr 2012 zusammen mit den Italienern auf der Straße begrüßten. Es folgten Urlaube nach Kuba, Island, Namibia, Japan und immer wieder nach Italien. Ich war glücklich, endlich einen Partner gefunden zu haben, mit dem ich eine Beziehung auf Augenhöhe führte. Wenn ich emotional übers Ziel hinausschoss, zeigte er mir Grenzen auf. Und wenn ich einen schwachen Moment hatte, war er für mich da und gab mir Halt.

Von der Multiplen Sklerose wusste er von Anfang an. Noch vor dem ersten Kuss sagte ich es ihm und umriss kurz die Bedeutung dieser Aussage. Er verstand, dass ich eines Tages Einschränkungen haben könnte und vermutlich mein gesamtes Leben lang Medikamente nehmen musste. Das war okay für ihn und er nahm es gerne in Kauf für unsere Liebe. Ich war so glücklich darüber, endlich einen Mann an meiner Seite zu haben, der im Ernstfall für mich da wäre. Zum ersten Mal befand ich mich in einer Partnerschaft, in der ich mir wirklich behütet vorkam und gleichzeitig meine Stärke und Eigenständigkeit akzeptiert und geschätzt wurde. Endlich hatte ich die große Liebe meines Lebens gefunden.

In meinem bisherigen Leben hatte ich einiges an Ballast eingesammelt. Das zeigte sich immer wieder in meinem

Konfliktverhalten, auch ihm gegenüber. Wenn ich das Gefühl hatte kritisiert oder angegriffen zu werden, ging ich sofort zum Angriff über. Manchmal stritten wir uns und immer musste er zuerst auf mich zukommen, da ich es nicht schaffte, über meinen Schatten zu springen. Es wurde Zeit, das zu ändern.

# Aufbrechen alter Muster

Im Sommer 2014 begann ich eine Psychotherapie, was bedeutete, einmal pro Woche 50 Minuten mit einer Psychologin zu reden. Zunächst um besser mit Konflikten umzugehen. Da ich die Ursprünge des Problems ergründen und beheben wollte, entschied ich mich für die tiefenpsychologische Variante.

Es ging los mit fünf Teststunden, in denen ich meine Therapeutin kennenlernte, um zu schauen, ob ich bereit war, mich ihr zu öffnen. Sie war freundlich distanziert und stellte mir mehrere Fragen, um meine Lebenssituation und meine Problematik zu verstehen. Ich hatte ein gutes Gefühl bei ihr und wir beantragten die Therapie bei der Krankenkasse.

In den Sitzungen kam viel zur Sprache, auch Themen, mit denen ich nicht rechnete. Unter anderem ging es um mein schlechtes Gewissen dem Gesundheitssystem und der Gesellschaft gegenüber, weil meine MS-Medikamente so viel Geld kosteten. Das belastete mich schon lange und ich fühlte mich schuldig.

Meine Therapeutin erklärte, dass dieses Denken irrational sei. Schließlich gelte im Sozialstaat das Gemeinschaftsprinzip und es störe mich ja auch nicht, Arbeitslosengeld zu zahlen, obwohl ich noch nie arbeitslos war. Damit stützte ich ja auch andere Menschen, die von Arbeitslosigkeit betroffen waren. Es ließen sich zig andere Beispiele nennen.

Kein Mensch, der unverschuldet in eine Situation kam, und dazu zählte eine Krankheit, sollte sich schlecht fühlen, die Hilfe des Sozialstaates in Anspruch zu nehmen. Diese Erkenntnis erleichterte mich ungemein.

Eine zweite große Last waren meine starken Kopfschmerzen, die mich seit meiner Kindheit plagten. Seit vielen Jahren nahm ich meist mehrmals pro Monat Schmerzmittel dagegen. Bei einem starken Migräneanfall halfen sie teilweise gar nicht. Durch die Therapie merkte ich, dass fast jedes Mal ein psychosomatischer Auslöser der Grund war.

Meist bestrafte ich mich mit meinen Kopfschmerzen selbst, wenn ich etwas dachte oder fühlte, das ich nicht zu denken oder zu fühlen hatte: Zu Abiturzeiten war es die fehlende Freude auf das Punktspiel beim Tennis, das mir den ganzen Samstag versaute. Aktuell konnte es das Grauen vor einer Dienstreise sein, die mich in eine Situation brachte, wo ich zum Alkohol trinken gedrängt werden sollte.

Über die Jahre hatte ich viele Schmerztabletten geschluckt, um Kopfschmerzen zu unterdrücken, die nur durch psychischen Stress ausgelöst wurden. Sobald mir das Wirkungsprinzip in der Therapie klar wurde, nahm die Anzahl an Kopfschmerztagen rapide ab und sank auf wenige Male im Jahr. Anfangs bemerkte ich zwar den Stressauslöser, hatte aber noch Kopfschmerzen, doch mit der Zeit konnte ich immer öfter rechtzeitig reagieren, bevor sich die Schmerzen einstellten.

Heute trifft es mich nur noch bei Wetterumbrüchen mit starken Luftdruckveränderungen, wenn ich großen Hunger oder Durst habe sowie bei extremen Schlafmangel. Damit sind meine Kopfschmerzattacken auf wenige Male im Jahr zurückgegangen.

Dank der Therapie emanzipierte ich mich auch von meiner Familie und vollzog endlich die Abnabelung, die eigentlich in der Pubertät hätte stattfinden sollen. Dieser um circa 20 Jahre verspätete Prozess strengte alle Beteiligten an, aber lohnte sich. Natürlich besonders für mich. »Endlich erwachsen« klang merkwürdig, wenn man es mit 34 sagte. Offenbar war mir das bisher nicht gelungen, sicherlich auch, weil wir alle immer zusammenhielten und eine sehr innige Beziehung innerhalb der Dresdner Familie hatten, von den Großeltern über meine Kernfamilie bis zu meinen Tanten, Onkels, Cousinen, Cousins und deren Familien. Zu meinem Wandel gehörte, dass ich nun nur noch wenige Familiengeburtstage in Dresden mitfeierte, bei einer Großfamilie von rund 20 Personen eine immense Erleichterung. Und ich hatte kein schlechtes Gewissen mehr fernzubleiben.

Außerdem rechtfertigte ich mein Verhalten nicht mehr ständig. Früher zählte ich bei meinem Fernbleiben alle möglichen Gründe auf, um mich zu erklären, und fühlte mich dennoch schlecht. Das war nun vorbei.

Und ich naschte einfach mal so etwas, suchte mir sogar ein Lieblingscafé im Kiez, das ich von nun an regelmäßig besuchte, um dort leckeren Kuchen zu essen. Das war für mich vorher undenkbar. Süßes musste man sich verdienen durch Sport oder zumindest wieder abtrainieren, dachte ich immer. Jetzt genoss ich den Kuchen einfach so, weil es mich glücklich machte.

Dank der Therapie änderte ich auch mein Konfliktverhalten. Ich blieb zunehmend ruhiger und ging nicht gleich in den Angriffsmodus über, wenn ich mit Kritik konfrontiert wurde. Die Beziehung zu meiner großen Liebe wurde dadurch stärker und stabiler. Es ging auch nur noch um uns beide und unsere Bedürfnisse und nicht mehr darum, wie andere unsere Beziehung gern hätten.

Ich verlängere die Therapie um 25 Stunden und erzielte weitere Fortschritte. Endlich konnte ich vor anderen sprechen, ohne mich unwohl zu fühlen. Anfangs errötete ich noch stark, aber das war mir nun egal. Wenn ich etwas zu sagen oder zu präsentieren hatte, dann machte ich es. Früher hielt ich aus Angst vor der Blamage oft meinen Mund.

Für den Verlauf der Multiplen Sklerose war es bestimmt super, dass ich nun viel gelöster lebte, Probleme besser bewältigte und Konflikte entspannter in Angriff nahm. Und mein Körper wurde nicht mehr ständig mit Schmerzmitteln geflutet.

Als meine Therapie im Herbst 2015 endete, fühlte ich mich frei. Ohne meine große Liebe hätte ich vermutlich weder diesen Schritt gewagt noch die Kraft gehabt, viele Beziehungen – gerade zu meiner Familie, aber auch auf Arbeit – neu zu justieren.

Während der vorangegangenen Monate hatte ich begonnen, Erinnerungen aufzuschreiben und alternative

Verhaltensweisen in Ruhe zu durchdenken. Das Schreiben behielt ich für die Reflexion bei und es half mir, Gefühle besser zu fassen, zu beschreiben und zu verarbeiten.

Zusatzinfo zur Therapie: In Deutschland sind die Probestunden zu Beginn für Kassenpatienten kostenlos. Dafür ist kein Antrag nötig. Die folgende Langzeittherapie ist ebenfalls kostenlos, wenn der Therapeut eine Kassenzulassung hat, eine körperliche Ursache ausgeschlossen werden kann und eine psychische Störung festgestellt wurde. Stand: März 2020.

# Yoga zur Entspannung

Ein weiterer Baustein auf meinem Weg zu einem entspannten und glücklichen Leben war Yoga. Früher hatte ich Yoga immer belächelt und gedacht, dass es dabei nur um Dehnung ginge. Zweimal nahm ich an einer Schnupperstunde teil. Umgeben von beseelten Frauen lag ich auf der Matte und versuchte die Übungen und Atemtechniken durchzuführen, ohne mir richtig Mühe zu geben und war am Ende der Stunde völlig ausgekühlt von der wenigen Bewegung.

Als mir meine Kosmetikerin, die gleichzeitig Yoga unterrichtete, im September 2014 von Iyengar Yoga berichtete, wurde ich neugierig. Diese spezielle Richtung klang sehr intensiv und eher nach Sport, bei dem man schwitzt. In der kommenden Woche ging ich zum ersten Mal zur 90-minütigen Trainingsstunde. Die Gruppe bestand aus sieben Leuten, die selten alle gleichzeitig erschienen, und alle duzten sich. Diese geborgene Atmosphäre gefiel mir sehr gut. Ich fühlte mich wohl und aufgehoben. Nach einer kurzen Anfangssequenz inklusive Meditation begannen sehr anspruchsvolle Übungen. Die Yogalehrerin gab klare Anweisungen, welche Körperteile gestreckt, gedreht und angespannt werden sollten.

Ich konnte nur einen Teil umsetzen und kam mächtig ins Schwitzen. Zum Abschluss folgte eine Entspannungssequenz. Danach räumten wir auf.

Zuhause angekommen, ging ich kurze Zeit später ins Bett und schlief umgehend ein. Mein Kopf war befreit und statt an alle möglichen noch zu erledigenden Aufgaben zu denken, war ich auf wunderbare Weise erschöpft.

Also meldete ich mich für den wöchentlichen Kurs an. Allmählich wurde ich besser in den Übungen. Iyengar Yoga ist Dehnung und Anspannung zugleich, sodass mir manchmal sehr warm, aber nie zu kalt wurde. Wir arbeiteten intensiv mit Muskelkraft, von Schulterstand (auch als Kerze oder Nackenstand bekannt) über Kopf- oder Handstand bis hin zu den drei Kriegerpositionen und der gedrehten Flankendehnung. Mit der Zeit entwickelte ich ein besseres Körpergefühl. Für mein Alter hatte ich eine geringe Flexibilität in den Muskeln und Sehnen. Da Spastik* eines der häufigsten MS-Symptome ist und Muskelsteifheit meint, konnte die Ursache meiner mangelnden Flexibilität auch krankheitsbedingt sein. Auf jeden Fall merkte ich deutlich, dass das Yoga-Training meinen Körper beweglicher machte. Das Tolle am Iyengar Yoga sind die vielen Hilfsmittel, die bei zu kurzen Armen, Beinen oder anderweitigen Schwierigkeiten dennoch eine exakte Ausführung ermöglichen.

Die Yoga-Philosophie erschloss sich mir nun auch klarer. Ein Ziel war es empathisch zu bleiben, aber nicht mit dem Gegenüber mitzuleiden. Ein anderes für mich sehr erstrebenswertes Ziel bestand darin, mit wenig auszukommen und dennoch glücklich zu sein.

Ich lernte die Bedeutsamkeit meines Atems kennen und konnte in Stresssituationen durch ganz bewusste tiefe Ein- und Ausatmung Schmerzen aus meinem Körper vertreiben oder zurückdrängen, wenn der Auslöser im psychosomatischen Bereich lag. Denn wie ich in der Therapie gelernt hatte, war die Ursache des Schmerzes oft eine unbewusste Anspannung, die zu Verspannungen führte. Das bewusste Atmen entspannte mich, entkrampfte meinen Körper und half mir dabei, die Schmerzursache aufzulösen, zumindest manchmal.

Mit der Zeit merkte ich mir die Übungen und Abfolgen, um zuhause selbstständig etwas gegen Rückenschmerzen, Müdigkeit, schwere Beine oder Regelschmerzen zu unternehmen. Und so wuchs meine »Hausapotheke« der Yogaübungen stetig an. Der Kurs wurde zu einem wichtigen Anker meines Wochenablaufs, half mir, mich gut zu fühlen, meinen Kopf leer zu bekommen und mich selber liebend zu betrachten.

In unregelmäßigen Abständen las unsere Yogalehrerin aus den Sutras des Patanjali vor. Anfangs fand ich nur schwer Zugang, doch mit der Zeit und durch Gespräche mit meiner Yogalehrerin und den anderen Übungsteilnehmerinnen gelang mir die Übertragung der Worte ins Heute. Dadurch änderte sich meine Sichtweise. Ich wurde ruhiger, nahm nicht mehr so viel persönlich und konnte besser reflektieren.

Wo die Therapie alte Muster aufgelöst hat, schaffte Yoga neue Denkansätze und innere Ausgeglichenheit. Ich konnte im Moment verweilen, mich besser konzentrieren und es akzeptieren, wenn ich doch mal völlig durch den Wind war oder in alte Verhaltensmuster zurückfiel.

Ich merkte nun, wenn es mir schlecht ging, wurde insgesamt viel gelassener und akzeptierte, dass das Leben teilweise vom Schicksal bestimmt war. Das hieß aber nicht, dass ich mir nicht alle Mühe gab, es nach meinen Wünschen zu gestalten. So gelang es mir auf Arbeit, meine Meinung darzulegen, ohne darauf zu beharren oder gar beleidigt zu sein, wenn eine andere Richtung eingeschlagen wurde. Die einstigen Konflikte traten nicht mehr auf, weil ich die Entscheidung nicht mehr persönlich gegen mich auffasste und weiter mit mir im Reinen blieb, solange ich meinen Standpunkt klar geäußert hatte. Früher hatte es mich oft aufgeregt. Nun stand ich dem gelassen gegenüber und versuchte sogar bei Kollegen schlichtend einzugreifen. Probleme von der Arbeit beschäftigten mich nicht mehr so stark zu Hause. Ich konnte mich meiner Freizeit widmen und musste es nur kurz mit meiner großen Liebe thematisieren. Denn schließlich war ich zwar Marketing-Spezialistin, aber nicht die Managerin und kannte auch nur meine Perspektive, nicht aber die von einer höheren Führungsposition auf bestimmte Entscheidungen.

# Schreiben für die Seele

Während der Psychotherapie entdeckte ich das Schreiben als Zugang zu meinem Unterbewusstsein. Es half mir, mich mit alten Problemen auseinanderzusetzen, die ich nur unvollständig verarbeitet mit mir rumschleppte, wie Beziehungen zu Ex-Freunden und dabei entstandene Verletzungen oder das Ende meiner ersten engen Freundschaft vom Übergang der Kindheit zur Pubertät.

Aber auch bei aktuellen Situationen half es mir aufzuschreiben, was ich empfand. Abstraktes wurde durch das Aufschreiben greifbar und fühlte sich weniger gefährlich an.

Hinzu kam die kreative Seite des Schreibens, die mich reizte. Ich hatte schon immer gern und viel gelesen und besaß eine ausschweifende Fantasie.

Im Oktober 2015 startete ein wöchentlicher Kinderbuchschreibkurs an der Volkshochschule und ich meldete mich dazu an. Die Zeit passte und in unserem Islandurlaub 2014 war mir die Idee für eine Kinderbuchfigur gekommen. Jetzt wollte ich dieser Figur Leben einhauchen. Der Kurs fand Donnerstagabend statt, dauerte jeweils zweieinhalb Stunden und wurde von zwei Frauen geleitet. Beide hatten in Leipzig Literarisches Schreiben studiert. Eine von ihnen hatte bereits ein Kindertheaterstück auf die Bühne gebracht und die andere einen Preis mit ihrem Kinderbuch gewonnen. Obwohl ich müde von der Arbeit war, machten mir die Übungen Spaß und ich fand die vermittelte Theorie spannend. Wir alle waren Frauen im Alter von Ende 20 bis Anfang 60. Manche entstammten der ehemaligen DDR, andere der BRD. Und so unterschieden sich die favorisierten Kinderbücher der eigenen Kindheit und die gesammelten Erfahrungen.

Schnell merkte ich, dass ich mich zu wenig mit aktueller Kinderliteratur auskannte. Als Kind war ich oft durch die Straßen und Gärten der Stadtrandsiedlung gestreift. Auf diese Erlebnisse konnte ich mich nicht in meinen neu verfassten Kinderbuchtexten beziehen, denn das entsprach längst nicht mehr der aktuellen Realität. Heutzutage verabredeten Eltern ihre Kinder zum Spielen und behielten somit die Kontrolle. Das spiegelt sich natürlich in Kinderbüchern wider.

Um mich wieder auf den aktuellen Stand zu bringen, wollte ich Kindern vorlesen. Dabei konnte ich zum einen gleich herausfinden, wovon die aktuellen Kinderbücher handelten, und zum anderen die Reaktionen der Kinder direkt miterleben. Tatsächlich gab es einen Verein, dessen Vorleser nachmittags an Berliner Bibliotheken Kindern von vier bis zwölf Jahren vorlasen. Das war mit meinem Job vereinbar. Nachdem ich mein polizeiliches Führungszeugnis abgegeben hatte, konnte ich anfangen. Für die kommenden anderthalb Jahre las ich Kindern einmal wöchentlich vor und lernte dabei, was sie lustig fanden, was sie interessierte und emotional bewegte.

Im Schreibkurs hatte ich Bedenken, meine in Island gefundene Figur öffentlich vorzustellen. Denn ich wollte nicht, dass mir jemand die Idee klaute. Ich schrieb später zu der Figur sechs Geschichten und überarbeitete das Manuskript etliche Male, um mich damit in der Verlagsbranche zu bewerben. Für den Kurs schwenkte ich spontan zu Rennmäusen als Helden der Geschichte um. Seit meinem sechsten Lebensjahr hatte ich immer wieder mongolische Rennmäuse als Haustiere gehalten. Meine derzeitigen drei Mäuseschwestern unterschieden sich stark vom Charakter und dienten mir als Vorlage für das Schreibprojekt.

Je mehr ich mich mit dem Schreiben beschäftigte, desto mehr brannte ich dafür. Ideen hatte ich viele, und es machte mir großen Spaß Figuren zum Leben zu erwecken, sie in Abenteuer zu schicken und die Fantasie der Kinder anzuregen.

Ein großer Wunsch wuchs in mir: Eines Tages wollte ich vom Schreiben leben können. Das war ein hoch gestecktes Ziel, aber ich konnte es schaffen, und ich hatte die Ausdauer dafür. Schritt für Schritt würde ich zum Ziel kommen und wenn es mir finanziell nicht gelingen sollte, dann würde mich das Schreiben dennoch für den Rest des Lebens begleiten und viel Freude bereiten.

Bei meinen Recherchen darüber, was wichtig sei, wenn man heutzutage Autor*in sein möchte, wurde immer wieder eines genannt: eine eigene Webseite. Also beauftragte ich eine Grafikerin mir diese zu bauen.

Auf dem dazugehörigen Blog veröffentlichte ich nun regelmäßig aktuelle Kinderbuchtipps sowie Artikel zu Kinderbuchautor*innen und Nobelpreisträger*innen für Literatur. Dafür las ich viele Bücher, zeitgenössische und Klassiker, oder hörte mir Hörbücher an.

Für die Buchtipps durchforstete ich die Vorschaukataloge von rund 20 Kinderbuchverlagen. Die intensive

Auseinandersetzung mit aktuellen Kinderbüchern half mir dabei, mein eigenes Schreiben zu verbessern. Außerdem bekam ich ein genaues Gespür dafür, was ich selber mochte und was ich in meinen Büchern zum Ausdruck bringen wollte. Darüber hinaus lernte ich die Verlage mit ihren jeweiligen Programmen besser kennen.

Natürlich las ich Schreibratgeber, um meine Theoriekenntnisse zu erweitern, abonnierte zwei Autorenzeitschriften und hörte Podcasts von Autorinnen und Autoren, die vom Schreiben berichteten. Ich erfuhr, dass es spezielle Software für Autoren gab, die das Arbeiten ungemein erleichterte. Anstatt mich zu entscheiden, holte ich mir gleich beide Programme, die einen sehr guten Ruf hatten – Scrivener und Papyrus Autor –, und arbeitete mich in deren Logik ein. So vergingen viele Monate mit all der Theorie, dem Einarbeiten in die Software, Schreiben der Buchtipps, Vorlesen für Kinder und immer wieder Überarbeiten der eigenen Texte. Ich engagierte eine freiberufliche Lektorin, die meine Texte kritisch von außen begutachtete und mir sagte, wo der rote Faden noch nicht stimmte oder Beschreibungen besser sein konnten.

Im November 2017 war es dann endlich soweit. Ich veröffentlichte mein erstes Taschenbuch – ein Weihnachtsbuch, für das ich vier Tiergeschichten geschrieben hatte, die alle im Sagawald spielten. Meine Oma steuerte 28 Gedichte zur Winter- und Weihnachtszeit bei und meine Mama fertigte die passenden Zeichnungen für die Gedichte und Geschichten an.

Parallel zum Weihnachtsbuch hatte ich an meinen Geschichten über die Rennmäuse weitergearbeitet und diese immer wieder verfeinert und angepasst. Ich suchte eine Illustratorin und fand in Maxi Richter genau die Richtige. Sie bereicherte meine Geschichten mit ihren Bildern. Die Grafikerin komponierte Texte und Bilder zu einem stimmigen Buch. Im Mai 2018 lag mein erstes Bilderbuch als Hardcover im DIN-A4 Querformat vor mir. Diesmal hatte ich mich noch mit dem kompletten Druckprozess beschäftigt und Entscheidungen getroffen, wie das Buch am Ende genau aussehen sollte: Die Geschichten der Rennmaus Malika Khan und ihrer Schwester Toja umfassen 56 Seiten, sind in Fadenheftung gebunden und verfügen über ein knallrotes Lesebändchen.

Ob ich mich ohne die Diagnose MS getraut hätte, ein Kinderbuch im Selbstverlag herauszubringen, weiß ich nicht. Vermutlich wäre ich das finanzielle Risiko nicht eingegangen, alle Kosten vorab zu tragen, ohne eine Garantie für den Abverkauf zu haben.

Im Juli 2018 folgte die Sommerausgabe zum Sagawald. Und 2019 schloss ich die Jahreszeitenreihe mit dem Frühlings- und Herbstbuch ab.

Mittlerweile hatte ich weitere Schreibkurse besucht, zu den Genres Krimi und Sachbuch.

In meinem Kopf gab es viele Buchprojekte und ich musste mich am Ende eines jeden veröffentlichten Buches entscheiden, welches ich als nächstes umsetzen wollte. Die Freude am Schreiben, die vielen Möglichkeiten und dass ich meine Projekte in meinem Tempo durchführen konnte, ließen mich hoffen, dass ich bis an mein Lebensende schreiben würde. Astrid Lindgren und Otfried Preußler haben es genauso gehandhabt, das wollte ich auch.

Die MS beschert vielen Patienten Einschränkungen im kognitiven Bereich. Durch stetes Training kann man gegensteuern. Das Schreiben neuer Bücher und die Auseinandersetzung mit Literatur fütterten mein Gehirn also ständig mit neuen Inhalten, was bestimmt einen positiven Effekt auf die MS hatte.

Ich bin mir sicher, dass ich mich ohne die Diagnose Multiple Sklerose nicht als Autorin bezeichnen würde. Die MS hat mir gezeigt, wie wertvoll mein persönliches Glück und meine Selbstverwirklichung sind und genau das bedeutet das Schreiben für mich. Es macht mich glücklich, ermöglicht mir unendliche Freiräume und eine riesige Spielwiese von den Veröffentlichungskonzepten über das Genre bis hin zum Stil.

# Wieder ein neuer Schub?

Im April 2016 zeigte sich meine MS mit einer Sensibilitätsstörung. In Armen und Beinen spürte ich ein schwaches, dennoch deutliches Kribbeln, am intensivsten in meinen Händen und Füßen. Meine Taille fühlte sich so an, als ob ich einen breiten Gürtel tragen würde, der mich einschnürte.

In ein paar Tagen wollten wir in den Urlaub fahren und ich hatte Angst vor einer Cortisontherapie. Also schrieb ich meinem Neurologen und schilderte ihm die Symptome. Wie immer antwortete er innerhalb weniger Stunden. Seiner Meinung nach erforderten die Symptome keine Intervention. Ob es wirklich ein neuer Schub wäre, könnte man sich später im MRT ansehen, das in einem knappen Jahr anstand. Sensibilitätsstörungen gehörten zu den weniger kritischen Symptomen und eine Cortisonbehandlung brachte immer starke Nebenwirkungen mit sich. Eine akute Behandlung ergab daher im Moment keinen Sinn. Wenn nichts weiter an Symptomen hinzukäme, sollte ich versuchen meinen Urlaub zu genießen. Bestimmt klänge alles bald ab.

Ich war froh, nicht ins Krankenhaus zu müssen und meine große Liebe ebenfalls. Denn den Urlaub brauchten wir beide und freuten uns schon sehr darauf. Gleich abends setzte ich mich an den Rechner und schrieb meine Emotionen auf, um mein Gedankenkarussell etwas zu beruhigen. Am nächsten Tag fiel es mir beim Yoga schwer, die Übungen korrekt durchzuführen, da ich meinen Körper undeutlicher wahrnahm. Dank der ruhigen Übungsabläufe entspannte ich mich dennoch im Lauf der 90 Minuten.

Am nächsten Morgen saßen wir im Zug und fuhren nach Sylt. Es war mein erster Urlaub auf der Nordseeinsel und ich versuchte, dem Rat meines Neurologen zu folgen – entspannen und genießen.

Die Nordsee verwöhnte uns mit Sonnenschein und geradezu lieblichem Wetter, obwohl wir vor der Hauptsaison da waren, eine Zeit, in der es meist rau und frisch war. Das Meer lag so ruhig, dass die Surfer keine Chance hatten, bei dem gerade stattfindenden Wettbewerb ihr Können zu zeigen.

Wir spazierten jeden Tag barfuß am Strand. Ich versuchte, den Sand mit meinen Zehen zu greifen und dem kalten Wasser ganz bewusst nachzuspüren, das meine Füße umspülte. Die Weite der See, die einsamen Strände und die Ruhe übertrugen sich auf mich. Ich war glücklich, mit meiner großen Liebe hier zu sein und diese tolle Natur genießen zu können.

Er joggte mehrfach am Strand. Das traute ich mich nicht, da ich Angst hatte umzuknicken, wegen der verringerten Wahrnehmung in meinen Beinen und Füßen. Dafür spazierte ich jeden Tag um den Dorfteich in Wenningstedt, beobachtete die Enten und Gänse, hörte ihren Rufen und dem Plätschern der Wasserfontäne zu.

Einen Nachmittag verbrachten wir im Strandkorb, lauschten den Wellen, lasen Bücher und atmeten die salzige Luft ein. Der Urlaub war schön und ich konnte ihn die meiste Zeit genießen, obwohl noch ein weiteres Symptom hinzukam, das Lhermitte-Zeichen*. Wenn ich den Kopf nach vorn zur Brust beugte, dann fühlte es sich so an, als ob Strom durch meinen Körper floss, vom Halswirbel die Arme hinab bis zu den Fingern beziehungsweise die Beine hinab bis zu den Füßen und ein Stück weit auch den Rücken herunter. Irgendwie faszinierend, wenn auch nicht angenehm.

Im Gegensatz zu früher versetzten mich die Symptome nicht in Angst. Ich hatte einen Mann an meiner Seite, der mich so liebte, wie ich war, und mir Ruhe und Zuversicht vermittelte, wenn ich es brauchte. Zusammen waren wir ein großartiges Team, da die Stärken des einen die Schwächen des anderen kompensierten und wir uns gegenseitig schätzten und wussten, was wir aneinander hatten. Das Schreiben und das Yogatraining halfen mir, mich im Kopf zu entspannen. Und medizinisch fühlte ich mich von meinem Neurologen bestens betreut.

Dennoch testete ich die ersten Tage immer wieder, ob die Symptome noch da waren, und empfand es als Erleichterung, dass ihre Intensität schnell nachließ. Je mehr sie schwanden, desto weniger achtete ich darauf.

Im April 2017 folgte das nächste MRT und dabei stellte sich heraus, dass meine Läsionslast seit 2014 konstant geblieben war. Das bedeutete, dass die Symptome von April 2016 nicht mit neuen Entzündungsherden zusammenhingen, wie mein Neurologe bereits vermutet hatte. Möglicherweise war ein alter Herd wieder aktiv geworden.

Ein Problem an der MS ist, dass im schubförmig remittierenden Verlauf*, der am Anfang der Krankheit bei 90 Prozent aller MS-Patient*innen vorliegt, nur ein kleiner Teil der Läsionen im Gehirn als Symptome äußerlich sichtbar werden. Das Verhältnis von Läsionen zu Schüben, dem akuten Auftreten von Symptomen, variiert von Mensch zu Mensch. Bei allen Erkrankten gibt es jedoch mehr Läsionen als Schübe. Das bedeutet, im zentralen Nervensystem schreitet die Krankheit schneller voran als es äußerlich spürbar ist. Zunächst braucht sich beim schubförmig remittierenden Verlauf die neurologische Reserve auf. Diese Reserve bewirkt, dass Symptome am Beginn der Krankheit teilweise oder sogar vollständig wieder verschwinden, weil andere Gehirnbereiche die geschädigten Stellen ersetzen. Ist die neurologische Reserve irgendwann aufgebraucht, folgt der Wechsel in die sekundär progrediente* Verlaufsform der MS. Im progredienten Verlauf bilden sich die Schübe meist nicht mehr vollständig zurück und der Behinderungsgrad nimmt stufenweise zu, was oft zu stärker werdenden Geheinschränkungen führt. Im Moment (02/2020) gibt es weltweit nur ein Medikament, um das Fortschreiten der sekundär progredienten MS zu verlangsamen. Für die schubförmig remittierende MS hingegen existiert ein breites Spektrum an Basistherapien. Denn je nach Patient schlägt die eine oder die andere gut an. Der beste Behandlungsansatz ist daher, die Aktivität der MS im schubförmig remittierenden Verlauf so gut es geht zu unterbinden, um den Wechsel in den progredienten Verlauf weit hinauszuschieben oder sogar ganz zu verhindern.

Deshalb war ich sehr erleichtert, dass meine Basistherapie weiterhin gut funktionierte und die Krankheit in Schach hielt.

# Ein großer Wunsch

Lange wusste ich nicht, ob ein Kind das Richtige für mich wäre. Denn die Welt wurde immer komplexer, die Anzahl an Menschen nahm stetig zu und die Umwelt kollabierte zusehends.

Und dann war da noch das Fragezeichen wegen der MS. Konnte ich einem Kind ein unbeschwertes Aufwachsen bieten, mit ihm spielen, für es da sein und es umsorgen? Kurz nach der Diagnose war ich sehr unsicher, mittlerweile traute ich mir diese Aufgabe zu. Ja, ich konnte einem Kind alles bieten, was es brauchte – Liebe, Fürsorge und Begleitung auf seinem Weg.

Und in einer Welt, die der Natur einen zu geringen Stellenwert einräumte, brauchte es Kinder, die von ihren Eltern die Liebe zu Tieren und Pflanzen vermittelt bekamen, um diese zu schützen. Auch das konnte ich bieten.

Den richtigen Partner hatte ich an meiner Seite. Doch nicht immer gehen Wünsche in Erfüllung. Und je länger ich wartete, desto mehr verkrampfte ich. Die Fragen aus meinem Umfeld wurden immer drängender, kamen in kürzeren Abständen und setzten mich zusätzlich unter Druck. Bekannte und Kollegen gaben flapsige Kommentare zur tickenden biologischen Uhr ab. All das erhöhte den Kummer und verwandelte die große Vorfreude in eine schwere Last. Oft weinte ich zu Hause, wenn ich mir wieder so einen Kommentar hatte anhören dürfen. Es fiel mir auch immer schwerer, mich für andere zu freuen, wenn sie vom baldigen Elternglück berichteten, auch wenn das ungerecht von mir war. Und die Babys auf den Arm nehmen, wollte ich erst recht nicht. Denn viel zu oft kam dann der Kommentar: »Steht dir, solltest du auch mal probieren.« Manchmal gab es noch den Satz dazu: »Karriere ist nicht alles.« Als ob ich das nicht selber wusste.

Zum Glück lernte ich mit der Zeit mich besser zu schützen. Von manchen Menschen zog ich mich einfach zurück oder sprach mit ihnen prinzipiell nicht mehr über dieses Thema und blockte alle Versuche ab. Andere, die mich mit ihren Bemerkungen immer wieder verletzten und mir zu nahe standen, um mich von ihnen zurückzuziehen, begegnete ich teilweise schroff. Meist schaffte ich es erst im Nachgang die Lehren aus dem Yoga anzuwenden und Fragen oder Kommentare sanftmütig zu betrachten, manchmal gelang es mir nicht.

Ich fragte mich oft, ob die MS der Schwangerschaft im Wege stand. Doch laut meinem Neurologen lag es weder an der Erkrankung noch an meiner Basistherapie.

Es war einfach das übliche Problem, mit dem viele Paare zu kämpfen haben. Die Gesellschaft verlangt, sich eine sichere Existenz aufzubauen, was meist viele Jahre dauert und mit einem Studium selten vor dem 30. Geburtstag abgeschlossen ist. Ich fand den passenden Mann zum Familie gründen sogar noch später und wollte erst sichergehen, dass mein Bauchgefühl auch wirklich stimmte. Tja, und dann klappte es nicht so schnell mit dem Schwangerwerden, und das Stresslevel stieg an.

Doch auch hier half mir das Schreiben. Ich setzte mich in geschriebenen Worten mit meinen Gefühlen und Ängsten auseinander, inklusive der Möglichkeiten vielleicht kinderlos zu bleiben. Und irgendwann wurde mir klar, dass das Leben auch dann sehr schön und wunderbar sein konnte. Denn ich hatte die Liebe meines Lebens gefunden, eine wunderbare Familie, großartige Freunde und das Glück, von der MS bisher wenig behelligt worden zu sein. Sollte mir die Erfüllung des Kinderwunsches verwehrt bleiben, so bliebe mir das Reisen und Schreiben, und ich würde mich voll und ganz auf mein Ziel konzentrieren können hauptberuflich Autorin zu werden.

Und dann war der Schwangerschaftstest positiv. Ob es dran lag, dass ich mich mit der Option eines Lebens ohne Kinder ausgesöhnt hatte, wer weiß.

Wir trauten uns anfangs gar nicht, uns zu freuen, und wollten lieber die kritischen zwölf Wochen abwarten. Doch mit jeder Woche, die verging, fiel mir die Zurückhaltung schwerer. Mantramäßig redete ich mir täglich ein, dass es noch schiefgehen konnte und dass ich dann nicht in ein tiefes Loch stürzen durfte. Natürlich achtete ich nun mehr auf meine Ernährung, kein roher Fisch oder rohes Ei, und war auch beim Sport zurückhaltender. Das galt fürs Joggen und für Yoga, wo ich mit Drehbewegungen sehr vorsichtig wurde. Unsere Badmintongruppe hatte sich schon vor drei Jahren aufgelöst, sodass ich eh kaum noch gespielt hatte, und neue Verabredungen traf ich nicht.

In dieser Zeit fuhren wir in einen lange geplanten Ayurvedaurlaub nach Bansin auf Rügen. Unser Zimmer hatte Meerblick und wir schliefen jeden Abend mit dem

Meeresrauschen ein und wachten damit auf. Eine Woche lang gab es ayurvedische Kost und Behandlungen, meist Massagen. Ich sagte dem Arzt, dass ich schwanger war und mich noch in der kritischen Phase befände. Er nahm kleine Anpassungen der Diät vor, strich den Fastentag und tauschte eine intensive Massage gegen eine sanftere aus.

Die Massagen waren wohltuend, die Spaziergänge am Meer herrlich, nur das Essen etwas knapp. Alle Gäste um uns herum bekamen Drei-Gänge-Menüs und schlugen beim Frühstück richtig zu, während wir spezielle, wenn auch sehr lecker zubereitete Schonkost erhielten.

Am vierten Tag hatte ich eine Blutung. Ich brach in Tränen aus und glaubte, das Kind verloren zu haben. Meine große Liebe tröstete mich und redete mir gut zu. Den Vorschlag, hier einen Frauenarzt aufzusuchen, lehnte ich ab. Ich wollte den möglichen Abbruch nicht bestätigt bekommen.

Die Blutung stoppte nach kurzer Zeit und ich entschied mich gegen einen erneuten Schwangerschaftstest. Stattdessen versuchte ich den Urlaub weiter zu genießen, soweit es ging.

Wieder zuhause hatte ich wenige Tage später einen Termin bei meiner Frauenärztin. Ich berichtete ihr von der Blutung und sie erklärte ruhig, dass wir nun nachschauen würden. Als sie den Monitor vom Ultraschallgerät zu mir drehte, sah ich ein kleines Herzchen schlagen. Unser Kind lebte und machte einen sehr gesunden und aktiven Eindruck. Meine Ärztin vermutete, dass es sich um eine Einnistungsblutung gehandelt hatte, die relativ häufig vorkam und völlig unkritisch für das Kind wäre.

Kurz darauf war das erste Trimester beendet und wir erlaubten uns zu freuen. Nach Absprache mit meinem Neurologen beendete ich die Basistherapie. Da ich seit so vielen Jahren ohne neue Läsionen lebte, lautete die generelle Empfehlung die Basistherapie zu unterbrechen, da für die folgenden Monate ein Schutz gegen die MS von meinem eigenen Körper aus bestand. Im Allgemeinen ging die Schubrate erst wieder nach der Entbindung nach oben, wenn die Hormonumstellung und der Schlafmangel mit kleinem Baby einsetzte. Je nachdem wie es bei mir sein würde, müsste dann neu über eine Basistherapie entschieden werden. Ein angedachtes MRT zum Verlaufscheck entfiel durch die Schwangerschaft ebenfalls und musste bis nach der Entbindung warten. Ich genoss die Zeit ohne Spritzen.

Mit jedem neuen Termin bei der Frauenärztin wuchs die Vorfreude auf unseren Schatz. Beschwerden hatte ich kaum, abgesehen von ein paar Wadenkrämpfen, etwas Eisenmangel und ein paar Wassereinlagerungen. Dafür machte mir die Sommerhitze zu schaffen. Sie brachte mir Kopfschmerzen, und da ich keine Schmerztabletten nehmen wollte, versuchte ich mich zu entspannen, mit nassen Handtüchern zu kühlen und mich viel auszuruhen.

Nach mehreren Tagen mit massiven Kopfschmerzen nahm ich doch Tabletten, aber sie halfen nicht. Nachts wachte ich mit einem stark stechenden Schmerz im Nacken auf. Er war so punktuell und die Art des Schmerzes komplett neu für mich, dass ich Panik bekam. Vielleicht war eine Ader in meinem Kopf geplatzt. So war meine Oma gestorben, und eine Bekannte meiner Eltern erlitt eine

Hirnblutung während der Entbindung. Ich konnte mich nicht mehr beruhigen und hatte eine Riesenangst mein Baby nie kennenzulernen. Also rief ich kurzentschlossen den Notarzt. Die Rettungssanitäter kamen innerhalb von zwölf Minuten in unsere Wohnung und überprüften meinen Puls, meinen Blutdruck, mein Allgemeinbefinden, und stellten mir ein paar Fragen. Alles war einwandfrei bis auf den Schmerz. Sie vermuteten einen Migräneanfall.

Den nächsten Tag blieb ich zu Hause und ließ mich in der Frauenarztpraxis gegen den Schmerz nadeln. Mit Akupunktur hatte ich bereits 2013 gute Erfahrungen gemacht, als es darum ging meinen bestehenden Tinnitus leiser werden zu lassen. Die Behandlung wirkte schnell. Zum ersten Mal seit fünf Tagen konnte ich schmerzfrei die Treppen zu unserer Wohnung hinaufsteigen. Zwei Wochen später wurden noch meine Adern zum Kopf mittels Ultraschall untersucht, um das letzte Risiko auszuschließen. Keine Anzeichen für irgendetwas Kritisches. Ich war sehr froh und atmete tief durch. Die restliche Schwangerschaft verlief reibungslos.

Als zwei Wochen vorm errechneten Entbindungstermin nachts die Fruchtblase sprang und erste Wehen einsetzten, lenkte ich mich mit der Zubereitung unseres Weihnachtsessens ab – geschmortem Wild. Immer wenn eine Wehe kam, atmete ich, wie im Geburtsvorbereitungskurs empfohlen, danach wurde weiter gekocht, gewürzt und abgeschmeckt. Nachmittags fuhren wir in die Klinik.

Nachdem die Ärztin erst andeutete, die Geburt eventuell einleiten zu müssen, liefen wir im Krankenhaus die Gänge und Treppen auf und ab. Die Bewegung zeigte ihre

Wirkung und es ging dann doch recht schnell. Nach drei schmerzintensiven Stunden hielt ich kurz nach Mitternacht unsere Tochter im Arm. Gesund und wunderschön. Sobald sie auf mir lag, hörte sie auf zu weinen. Noch nie war so viel Liebe und Glück durch meinen Körper geströmt wie in diesem Moment. Und seitdem erfreue ich mich jeden Tag aufs Neue an unserem kleinen großen Schatz.

Nun hatte ich alles, was ich brauchte. Trotzdem gab es natürlich weiter Ziele, im Sport, für meine Gesundheit und bezüglich meiner Autorenkarriere. Aber im Zweifelsfall trat alles hinter die Bedürfnisse meiner Tochter zurück.

Mittlerweile spreche ich völlig offen über meine Krankheit, wenn es sich ergibt. Ich habe beschlossen, eine 180-Grad-Wendung vorzunehmen und anderen Menschen Mut zu machen, dass die Diagnose keinesfalls eine düstere Zukunft einläuten muss. Mit einer gut eingestellten Basistherapie, ein bisschen Disziplin und natürlich einer großen Portion Glück kann das Leben ganz wunderbar sein, eventuell sogar besser als zuvor, weil man es bewusster lebt. Für mich hat sich seit der Diagnose viel zum Positiven entwickelt. Ich achte mehr auf mich und meine Bedürfnisse, verbringe meine Zeit nur mit Menschen, die ich mag und die mir guttun, und verwirkliche mich durch das Schreiben selbst. Die Wissenschaft ist im Laufe der vergangenen 15 Jahre seit meiner Diagnose erheblich vorangeschritten und ich bin optimistisch, dass die nächsten Jahre mit der MS für mich genauso gut weitergehen werden wie die vergangenen, ohne dauerhafte körperliche oder kognitive Einschränkungen.

# Nachwort

Liebe Leser*in,

hoffentlich hat Dir das Buch gefallen und Dir gezeigt, wie ein Leben mit der Diagnose MS verlaufen kann und welche Möglichkeiten in Deiner Hand liegen, das Beste daraus zu machen.

Wenn Du weiterhin gut informiert bleiben möchtest, empfehle ich Dir meine Website www.ms-perspektive.de. Dort veröffentliche ich regelmäßig Zuversicht spendende Artikel, die aus Patientensicht geschrieben sind. Melde Dich am besten gleich heute noch für meinen kostenlosen Newsletter www.ms-perspektive.de/newsletter an. Dann erhältst Du vertiefende Einblicke in die Krankheit – von möglichen Symptomen über die Basistherapie bis hin zu Fragen, die Du mit Deinem Neurologen besprechen solltest, wenn Du schwanger bist. Zum Dank bekommst Du ein PDF mit Tipps, um Deinen MS-Verlauf positiv zu beeinflussen.

Falls Du lieber Audiobeiträge hörst, gibt es den dazugehörigen Podcast von mir. In den Beiträgen berichte ich über meinen Weg mit der MS, über Neuigkeiten und interviewe Experten sowie andere Betroffene. Mein Wunsch ist es, Betroffenen und Angehörigen Mut zu machen und sie über die aktuelle Studienlage und den Fortschritt in der Behandlung zu informieren. Außerdem möchte ich Anregungen geben, welche Möglichkeiten jeder von uns hat, um mit der MS bestmöglich zu leben.

Natürlich wird mein Blickwinkel stark durch meine eigenen Erfahrungen geprägt. Bisher hatte ich kaum Schübe und keine bleibenden Einschränkungen. Mein Schwerpunkt liegt daher auf dem schubförmig remittierenden Verlauf der Multiplen Sklerose. Mir ist bewusst, dass es vielen schlechter geht, und ich werde in den Interviews mit Experten versuchen auch darauf einzugehen.

Schreib mir gern an buch@ms-perspektive.de, wenn Du denkst, dass etwas zu kurz kommt oder ein wichtiger Aspekt fehlt. Im Übrigen freue ich mich riesig, wenn Du mir eine online Bewertung hinterlässt.

Ich wünsche uns allen einen bestmöglichen Verlauf und abgesehen von kurzen Tiefs ein schönes Leben, umgeben von lieben Menschen, tierischen Freunden und tollen Hobbys, um unsere Zeit gemäß den eigenen Vorstellungen optimal zu nutzen und zu genießen.

In einem alten tibetischen Sprichwort heißt es: »Schmerz ist dazu da, um damit die Freude zu ermessen.« Ich glaube, da ist viel dran. Wer die Tiefen kennt, weiß die Höhen mehr zu schätzen und kann sie bewusster wahrnehmen. Denn Freude ist ein weites Feld – eine neu entdeckte Eissorte kosten, die Lieblingsmusik hören, gemeinsam mit Freunden lachen, eine sanfte Massage spüren, den Flieder im Frühling riechen oder auf die heranrollenden Wellen am Strand blicken. Was immer es ist, keinem nimmt die MS alle Sinne, und wenn manche eingeschränkt werden, steigt die Empfindung der verbliebenen.

Alles Gute und bis bald,
Deine Nele

# Danksagung

Ich möchte mich zuallererst bei meiner großen Liebe bedanken, für all die Kraft und den Rückhalt, den Du mir gibst. Und natürlich auch unserer wunderbaren Tochter, die so viel zusätzliche Freude in mein und unser Leben bringt.

Ein großes Dankeschön geht an meine Freunde. Gerade in der Zeit kurz nach der Diagnose habt Ihr mich immer aufgebaut, wart für mich da und habt mich zum Lachen gebracht.

Meiner Familie möchte ich dafür danken, dass Ihr mir immer versucht habt zu helfen und mich zu unterstützen, auch wenn wir manchmal verschiedener Meinung waren.

Vielen Dank an Prof. Dr. Ziemssen für die hervorragende Betreuung in den vergangen zehn Jahren, für Ihre stets schnelle Reaktion auf meine Fragen und den Humor, der einen Arztbesuch bei Ihnen angenehm macht. Danke auch an das gesamte Team des MS-Zentrums in Dresden. Ich fühle mich bei Ihnen immer bestens versorgt.

Ein ganz großes Dankeschön geht an meine Lektorin Sarah Strehle. Danke für all Deine Hinweise und Fragen, die das Buch verständlicher und besser lesbar gemacht haben.

Vielen Dank an Markus fürs Testlesen. Deine ausführlichen Anmerkungen und Rückmeldungen waren mir eine große Hilfe.

Lieben Dank auch an Basma. Deine Zeit und dein Feedback haben mich sehr darin bestärkt, den richtigen Ansatz gewählt zu haben.

Des Weiteren möchte ich meiner Mentorin danken, der Fantasy-Autorin Melissa David. Danke für all Deine Tipps zur Bekanntmachung des Buches. So kann es mehr Menschen erreichen und ich einen höheren Betrag an die DMSG spenden.

Außerdem möchte ich der MS-Community auf Instagram danken, die mir jeden Tag durch regen Austausch und Einblick in das Leben anderer MSler ein breiteres Bild der Krankheit gewährt und mich ermutigt meine Perspektive einzubringen.

Vielen Dank, liebes Glück – oder bevorzugst Du den Ausdruck Schicksal? Ich versuche, meinen Beitrag zu einem guten Verlauf der Krankheit zu leisten, dennoch weiß ich, dass auch Du eine wichtige Rolle spielst. Und ich würde mich freuen, wenn Du mir weiter zur Seite stehst.

Und zum Abschluss möchte ich mich bei Dir bedanken, liebe*r Leser*in, dass Du das Buch gekauft und bis zum Ende gelesen hast. Dein Interesse ehrt mich und ich hoffe, die Lektüre war kurzweilig und hat Dir neue Erkenntnisse gebracht und Dein Bild der Multiplen Sklerose um ein Puzzlestück erweitert.

Berlin, März 2020
Nele Handwerker

# Glossar

**Basistherapie**

Fortlaufende Therapie, deren Ziel es ist, die Anzahl und Intensität der Schübe so gering wie möglich zu halten und neue Entzündungsherde im zentralen Nervensystem zu unterbinden oder nicht weiter wachsen zu lassen.

**Chronische Krankheit**

Eine länger andauernde, schwer heilbare Krankheit, deren Intensität schwanken kann. Die Multiple Sklerose zählt dazu.

**Copaxone**

Medikament, das als Basistherapie bei schubförmig remittierendem Verlauf der Multiplen Sklerose eingesetzt wird und das Immunsystem moduliert. Der Wirkstoff wird mehrmals wöchentlich subkutan (unter die Haut) gespritzt.

**Cortison**

Körpereigener Wirkstoff gegen Entzündungen, der künstlich hergestellt in hohen Dosen bei aktiven Schüben der Multiplen Sklerose zum Einsatz kommt und intravenös oder in Tablettenform verabreicht werden kann.

### Demyelinisierung

Schädigung der äußeren Schutzschicht der Nervenbahnen. Führt zu einer verzögerten oder unterbrochenen Reizweitergabe. Je nachdem, welche Nerven betroffenen sind, treten Seheinschränkungen (Sehnerv), Taubheitsgefühle (Nerven in der Haut), Bewegungseinschränkungen oder andere Symptome auf.

### Fatigue

Chronische Müdigkeit/Erschöpfung ist eines der häufigsten Symptome der Multiplen Sklerose. Koffein und Schlaf helfen nur sehr eingeschränkt dagegen.

### Flush

Gehört zu den häufigen Nebenwirkungen und tritt direkt nach der Injektion mit Copaxone auf. Folgende Symptome sind möglich: Herzrasen, ein stark gerötetes und heißes Gesicht aufgrund einer Gefäßerweiterung, Druck auf der Brust und dadurch erschwertes Atmen. Die Symptome halten in der Regel mehrere Minuten, aber nicht länger als eine halbe Stunde an und haben keine Folgen.

### Intravenös

Bedeutet, dass ein Medikament direkt in eine Vene hinein verabreicht wird. Kann daher in der Regel nur von medizinischem Fachpersonal vorgenommen werden, im Gegensatz zum subkutanen Spritzen.

**Klinisch isoliertes Syndrom (CIS)**

Bezeichnet eine neurologische Funktionsstörung an einem oder mehreren Orten im zentralen Nervensystem, bei der die Myelinschicht geschädigt wurde. Das Symptom muss mindestens 24 Stunden anhalten. Je nachdem, als wie wahrscheinlich die weitere Aktivität und damit eine baldige Diagnose MS eingeschätzt wird, kann eine Basistherapie empfohlen werden.

**Läsion**

Entzündung im zentralen Nervensystem (Gehirn oder Rückenmark), verursacht durch die Multiple Sklerose, die die normalen Funktionen stört. Je nachdem, wo die Entzündung liegt, kommt es zu Einschränkungen des Bewegungsapparates, der Empfindungen in der Haut oder anderen Störungen.

**Läsionslast**

Umfasst die Anzahl, Aktivität und Lage der einzelnen Entzündungen im zentralen Nervensystem. Veränderungen der Läsionslast innerhalb eines bestimmten Zeitraums erlauben Prognosen über den Verlauf der MS.

**Lhermitte-Zeichen**

Wenn das Kinn zum Brustbein gesenkt wird, fühlt es sich so an, als ob stromähnliche Impulse durch den Körper zu den Gliedmaßen gesandt werden. Typisches Symptom bei Multipler Sklerose.

## Lumbalpunktion

Entnahme von Nervenwasser im Bereich der Lendenwirbel mittels einer Hohlnadel, um zu überprüfen, ob oligoklonale Banden vorliegen. Bisher ein üblicher Test, der herangezogen wird, um die Diagnose Multiple Sklerose zu stellen. Eine Gefahr für das Rückenmark besteht nicht.

## Makrophagen

Fresszellen (Teil der Immunabwehr), die sich bei der MS fälschlicherweise auf das körpereigene Myelin, die Schutzschicht der Nerven, stürzen. Bei immunmodulierender Basistherapie mit Copaxone verstoffwechseln die Makrophagen den Wirkstoff, sind somit einerseits vom Körper abgelenkt und andererseits sollen sie die Immunabwehr wieder daran gewöhnen, dass der eigene Körper kein Feind ist.

## McDonald-Kriterien

Diagnosekriterien für die Multiple Sklerose, die nach einer Art Punktesystem funktionieren. Wenn beispielsweise zwei oder mehr Schübe und zwei oder mehr Läsionen im MRT zeitlich und räumlich getrennt nachgewiesen werden, kann die Diagnose MS eindeutig gestellt werden. Wenn diese Anzahl nicht gegeben ist, kann ein positiver Liquorbefund (Lumbalpunktion) oder ein erneutes MRT mit neu aufgetretenen Läsionen zur Diagnose führen.

**MRT**

Die Magnetresonanztomographie, kurz MRT, ist ein bildgebendes Verfahren. Bei MS-Patienten wird es eingesetzt, um Läsionen im zentralen Nervensystem (Gehirn und Rückenmark) zu finden sowie die Aktivität (Gabe von Kontrastmitteln) und das Wachstum bereits bestehender Läsionen zu kontrollieren.

**Multiple Sklerose (MS)**

Autoimmune, chronische Krankheit des zentralen Nervensystems. Ursache/Auslöser bisher ungeklärt. Der eigene Körper greift die schützende Myelinschicht um Nervenfasern an und zerstört diese teilweise oder vollständig. Außerdem gehören Läsionen im zentralen Nervensystem dazu. Meist beginnt die MS mit einem schubförmig remittierenden Verlauf (80 bis 90 Prozent) und wechselt zu einem späteren Zeitpunkt oft in den sekundär progredienten Verlauf. Weltweit sind schätzungsweise 2,5 Millionen Menschen betroffen. Bisher ist die Krankheit nicht heilbar. Die Symptome sind bei jedem Betroffenen anders.

**Myelin**

Schutzschicht um Nervenfasern, die die Impulse vom Gehirn an den Körper weiterleiten. Wird bei der MS angegriffen.

**Neurologische Reserve**

Ungenutzte Hirnbereiche, die im Falle einer Störung, sei es durch eine Entzündung, wie bei der MS, oder dem

Absterben von Hirnarealen, wie bei einem Schlaganfall, die zerstörten Funktionen übernehmen können. Der Betroffene hat zeitweise Einschränkungen und kann nach einer gewissen Zeit und eventuell notwendigem Training wieder ohne Einschränkungen leben. Die neurologische Reserve ist begrenzt und sollte daher so lange wie möglich aufgespart werden. Bei MS hilft die Basistherapie im schubförmig remittierenden Verlauf. Wenn die neurologische Reserve aufgebraucht ist, können neue Einschränkungen nicht mehr kompensiert werden und bleiben dauerhaft bestehen.

**Oligoklonale Banden**
Ihr vermehrtes Auftreten im Nervenwasser (Liquor) liefert einen deutlichen Hinweis auf einen stattfindenden Entzündungsprozess. Der dazugehörige Test nennt sich Lumbalpunktion und gehört derzeit zu den Untersuchungen, um die Diagnose Multiple Sklerose zu stellen.

**Opticus Neuritis (Sehnerventzündung)**
Charakteristisches Symptom bei Multipler Sklerose. Tritt häufig beim ersten Schub auf, dem die Diagnose auf MS folgt. Die Myelinschicht des Sehnervs wird angegriffen. Zeigt sich durch unscharfes Sehen, reduzierte Farbwahrnehmung und Ausfälle im Sehfeld.

**Schubförmig remittierende MS (RRMS)/Verlauf**
Es treten einzelne Schübe auf. Die Abstände zwischen zwei Schüben variieren stark von Patient*in zu Patient*in. Die Einschränkungen durch den Schub bilden sich nach einer

gewissen Zeit (Wochen bis Monate) teilweise oder vollständig wieder zurück. Es gibt verschiedene Basistherapien, die darauf abzielen, die Betroffenen vor neuen Schüben zu bewahren oder diese zumindest abzumildern. Die meisten Patient*innen, 80 bis 90 Prozent, haben zum Zeitpunkt der Diagnose eine RRMS.

## Sekundär progrediente MS (SPMS)/Verlauf

Folgt auf den schubförmig remittierenden* Verlauf und ist von bleibenden Symptomen gekennzeichnet. Die MS schreitet stetig voran und die Einschränkungen nehmen meist zu. Bisher gibt es kaum Therapien für diese Verlaufsform. Die Behandlung zielt zurzeit vor allem auf eine Linderung der Symptome ab.

## Spastik

Gehört zu den häufigsten Symptomen der MS. Werden Nervenbahnen angegriffen, die für Bewegungen zuständig sind, kann das die Muskelspannung erhöhen, die Beweglichkeit beeinträchtigen und zu Muskelsteifheit, Verkrampfungen, Schmerzen und Muskelschwäche führen. Eine typische Auswirkung sind verkürzte Gehstrecken bei langsamerem Tempo.

## Stoßtherapie

Gezielte, kurzfristige Medikamentengabe, um gegen einen aktiven Schub vorzugehen, z. B. mit Cortison.

**Subkutan**

Unterhaut, Schicht in der sich Binde- und Fettgewebe befinden und Arzneimittel, wie z. B. Copaxone, recht einfach vom Patienten selber gespritzt werden können mittels Injektionshilfen.

**Uhthoff-Phänomen**

Ursprünglich war damit nur die zeitweise Verschlechterung der Sehschärfe durch eine erhöhte Körpertemperatur (Fieber, heißes Bad, Sauna, Hitzesommer) bei einer vorangegangenen Sehnerventzündung bei MS gemeint. Mittlerweile wird der Begriff allgemein verwendet, wenn sich neurologische Symptome bei erhöhter Körpertemperatur temporär verschlechtern.

# Mehr Informationen

**Kompetenznetz Multiple Sklerose – Multiple Sklerose erforschen, verstehen und therapieren**
https://www.kompetenznetz-multiplesklerose.de/

Eine Initiative des Bundesministeriums für Bildung und Forschung mit dem Ziel, Forschende zusammenzubringen, um die Patientenversorgung zu verbessern.

Bietet z. B. neutrale Patientenhandbücher für alle zugelassenen Medikamente, damit sich Betroffene besser informieren und ihre Entscheidung für eine Therapie bewusster treffen können.

Unter der Rubrik »Forschung« gibt es einen Überblick zu aktuell laufenden Studien und deren jeweiligen Zielen.

**Studiengang Multiple Sklerose Management**
http://zkn.uniklinikum-dresden.de/msz/diu-studiengang-multiple-sklerose-management

Informationen zu Studienzielen, -inhalten und -ablauf sowie Lehrformen des größtenteils online stattfindenden Masterstudiengangs.

## »Brain Health. Keine Zeit verlieren bei Multipler Sklerose«

Deutsche Ausgabe von 2018 (E-Book als PDF kostenlos downloadbar):
https://www.msbrainhealth.org/perch/resources/de-brain-health-time-matters-in-multiple-sclerosis-policy-report-2.pdf

Kurze Zusammenfassung:

Das übergeordnete Ziel besteht darin, Patient*innen so lange wie möglich körperlich und geistig gesund zu erhalten. Dauerhafte Beeinträchtigungen sollen bestmöglich vermieden werden.

Dafür sollen Menschen bei Verdacht auf MS, an einen auf MS spezialisierten Neurologen überwiesen werden. Dank MRT und klinischer Untersuchungen wird die MS heute zehn Mal schneller diagnostiziert als noch in den 1980er Jahren.

Die Behandlung mit einer geeigneten Basistherapie soll umgehend beginnen. Es gibt mehrere Medikamente, die bei den Patient*innen jeweils unterschiedlich gut anschlagen. Außerdem unterscheiden sich die Nebenwirkungen. Wenn Mediziner*innen die Betroffenen über die bestehenden Optionen informieren und die Therapieform gemeinsam beraten und entschieden wird, halten die Patient*innen die Therapie länger und konsequenter durch.

Die Krankheitsaktivität soll engmaschig überprüft werden, um schneller und valider handeln zu können, wenn das Therapieziel verfehlt wird. Dazu gehören klinische Kontrollen, z. B. der Gehfähigkeit, kognitiven Fähigkeiten,

Reflexe. Außerdem sollen regelmäßige MRTs gemacht werden. Falls nötig, kann auf andere Medikamente gewechselt
werden.

Außerdem sollen echte, anonymisierte Daten von
Patient*innen generiert werden, um nach der Auswertung
eine bessere individualisierte Therapie für den einzelnen
abzuleiten.

Patient*innen wird ein Lebensstil empfohlen, der die
neurologische Reserve schützt. Das beinhaltet eine gute
Herz-Kreislauf-Fitness sowie den Verzicht auf Nikotin und
Alkohol. Zusätzlich sollen weitere bei den Betroffenen vor-
handene Krankheiten überprüft werden, die eventuell einen
negativen Einfluss auf die MS haben könnten.

## DMSG – Deutsche Multiple Sklerose Gesellschaft Bundesverband e.V.

www.dmsg.de

Bietet umfangreiche Informationen rund um die MS,
unter anderem zu Therapien, zum aktuellen Stand der Forschung, zu rechtlichen Fragen, zum Kinderwunsch mit MS,
zu geeigneten Sportarten und vielem mehr.

Weiterhin gibt es Links zu den jeweiligen Landes-
verbänden der einzelnen Bundesländer beziehungsweise
Kontakt-E-Mail-Adressen, falls es keine eigene Webseite
gibt.

## Amsel – Das Multiple Sklerose Portal

www.amsel.de

Webseite mit ausführlichen Informationen und vielen
interessanten News rund um die MS sowie Multimedia-

angeboten des Landesverbandes Baden-Württemberg. Die Navigationspunkte Service und Beratung beziehen sich hauptsächlich auf dieses Bundesland.

## MS und Kinderwunsch

<u>www.ms-und-kinderwunsch.de/</u>

Umfassende Informationen zum Thema Kinderwunsch, Schwangerschaft, Stillzeit und die Auswirkungen von Medikamenten auf das ungeborene Kind bzw. den Säugling. Es werden Informationsveranstaltungen im Universitätsklinikum Bochum angeboten sowie Webinare in Zusammenarbeit mit der dmsg »Plan Baby bei MS« - <u>https://plan-baby-bei-ms.dmsg.de/</u>.

Jede schwangere Frau mit MS, die sich im deutschsprachigen Multiple Sklerose- und Kinderwunsch-Register (DMSKW) registrieren lässt, hilft dabei weitere Erkenntnisse zu gewinnen.

## Allgemeiner Tipp

Die Pharmafirmen, die Medikamente für die MS anbieten, haben oft gut gepflegte Webseiten. Sie stellen zwar ihre Therapie in den Vordergrund, bieten aber darüber hinaus viele gute Tipps und Informationen sowie Trainingsvorschläge für Körper und Geist.

# Kinderbücher der Autorin

**Malika Khan – Eine Rennmaus legt los**

Spannend. Abenteuerlich. Spaßig.

Malika Khan ist eine mongolische Rennmaus. Zusammen mit ihrer Schwester Toja lebt sie bei Emma. Das Mädchen lässt ihre beiden Haustiere regelmäßig im Zimmer frei.

Dabei entdeckt Malika einen Geheimgang, der in den Garten führt. Eines Nachts steht die Tür vom Terrarium offen – Gelegenheit für einen Ausflug ins Freie. Malika nutzt die Chance, obwohl ein Kater in der Nachbarschaft schon einmal versucht hat, sie zu fressen. Doch die Abenteuer in der Freiheit sind zu verlockend.

Bilderbuch im DIN A4 Querformat, 56 Seiten, durchgehend farbig illustriert, gebunden, mit Lesebändchen

ISBN-13: 978-3-96111-373-6
Preis Hardcover: 14,95 Euro

**Gedichte und Geschichten zur Frühlingszeit**

Fröhlich. Österlich. Frühlingshaft.

Im Frühling kehren die Vögel zurück, Blumen sprießen, und die Weidetiere tauschen den Stall gegen die Wiese ein. Die Kinder können endlich wieder im Sandkasten buddeln, Fußball spielen oder Skateboard fahren. Zehn Gedichte widmen sich dem Zauber dieser Jahreszeit samt Osterfest. Die Gedichte sind für Kinder von 4 bis 12 Jahren geeignet und variieren in der Länge.

Die Tiere im Sagawald sind schwer beschäftigt. Der Biberteich muss von Unrat befreit werden, Ostergeschenke wollen gebastelt und versteckt sein. In sieben Geschichten treten Wildschwein Schorsch, Wölfin Walda, Biberjunge Balduin, Eichhörnchen Emma und andere auf.

Taschenbuch in 12 x 19 cm, 96 Seiten, Illustrationen in schwarz-weiß, Klebebindung

ISBN-13: 978-3-74943-652-1
Preis Taschenbuch: 6,99 Euro

**Gedichte und Geschichten zur Sommerzeit**

Erfrischend. Lustig. Sommerlich.

Das Kinderbuch enthält neun Sommergedichte. Dabei stehen typische Sommerfreuden im Mittelpunkt – von Eis essen über Baden bis hin zu Sommersportarten. Außerdem gibt es Gedichte zu beliebten Urlaubszielen am Meer und in den Bergen. Eine Entdeckungstour in die Natur darf natürlich auch nicht fehlen. Die Gedichte sind für Kinder von 4 bis 12 Jahren geeignet und variieren in der Länge.

Die sieben Tiergeschichten spielen im sommerlichen Sagawald. Dort leben Hase Hanno, Eichhörnchen Emma, Wildschwein Schorsch, Rehkitz Ronja, Wölfin Walda, Waldmaus Mia und Biberjunge Balduin. Sie alle begegnen anderen Tieren, geraten dabei in kleine Konflikte oder versuchen, etwas gemeinsam auf die Beine zu stellen. Am Ende feiern alle friedlich und fröhlich gemeinsam ein Sommerfest.

Taschenbuch in 12 x 19 cm, 88 Seiten, Illustrationen in schwarz-weiß, Klebebindung

ISBN-13: 978-3-75282-248-9
Preis Taschenbuch: 6,99 Euro

**Gedichte und Geschichten zur Herbstzeit**

Farbenfroh. Frisch. Herbstlich.

Im Herbst fallen bunte Blätter, Kastanien und Eicheln von den Bäumen und laden zum Basteln ein. Am Himmel tanzen selbstgebaute Drachen und im Wald warten schmackhafte Pilze. Die Tiere kehren von der Alm in ihr Winterquartier zurück. Und zu Halloween sorgen gruselige Kostüme für viel Süßes.

Biberjunge Balduin träumt von einem eigenen Flugdrachen. Ein unerfüllbarer Wunsch? Nicht für Wölfin Walda. Sie schmiedet einen Plan. Und wenn alle Tiere im Sagawald mithelfen, können sie das Unmögliche bis zum Erntedankfest schaffen.

Taschenbuch in 12 x 19 cm, 96 Seiten, Illustrationen in schwarz-weiß, Klebebindung

ISBN-13: 978-3-744890-41-0
Preis Taschenbuch: 6,99 Euro

**Gedichte und Geschichten zur Weihnachtszeit**

Festlich. Lustig. Winterlich.

Weihnachtsbuch für Kinder ab 4 Jahren. Zum Selberlesen geeignet ab 8 Jahren.

Das Kinderbuch enthält 28 Winter- und Weihnachtsgedichte. Dabei stehen die Vorfreude, die Sorgen und die Wünsche der Kinder im Mittelpunkt. Außerdem treten typische Figuren wie Schneemänner, Nussknacker und Lichterengel auf.

Die vier Adventsgeschichten spielen im winterlichen Sagawald. Dort leben Eichhörnchen Emma, Wildschwein Schorsch und Hase Hanno. Alle drei begegnen anderen Tieren und zeigen, worum es bei Weihnachten wirklich geht: Es wird geteilt, sich gegenseitig geholfen und Rücksicht aufeinander genommen. Und am Ende feiern alle friedlich und fröhlich gemeinsam das Weihnachtsfest.

Taschenbuch in 12 x 19 cm, 100 Seiten, Illustrationen in schwarz-weiß, Klebebindung

ISBN-13: 978-3-75282-234-2
Preis Taschenbuch: 6,99 Euro